존 비비어의 동행

The Fear of the Lord
by John Bevere Published by Charisma House
Copyright ⓒ 1982, 1996, 2006 by John Bevere
All rights reserved, English version Published by Charisma House

Korean edition copyright ⓒ 2009 by NCD Publishers

이 책의 한국어판 저작권은 저작권자와의 독점 계약으로 NCD출판사에 있습니다.
저작권법에 의해 한국 내에서 보호를 받는 저작물이므로 무단전재와 무단복제를 금합니다.

거룩한 경외심은
하나님의 견고한 기초로 들어가
구원과 지혜와 지식의 보고를 여는 열쇠다

추 · 천 · 의 · 글

•• 존 비비어는 하나님을 가까이에서 느끼고 경험하는 사람입니다. 그의 정체성은 하나님과 맞닿아 있어서 그의 숨결을 느낄 때마다 우리 역시 하나님을 경험하는 것입니다. 존 비비어는 성경의 말씀과 자신의 경험을 통해 우리에게 하나님의 비전을 설명하고 그분의 크신 뜻이 무엇인지 세상을 향해 이야기하고 있습니다. 성공과 행복만을 추구하는 세대에게 하나님을 존경하고 경외하라는 그의 외침은 존엄하신 하나님 앞에 마땅히 서야 할 우리의 자세를 되짚어 줍니다. 우주를 창조하시고 우리를 위해 하늘의 영광을 포기하신 하나님 앞에 사랑과 경외로 설 때, 모세를 하나님의 지팡이로 사용하셨던 것처럼, 순종으로 자신의 믿음을 보여줬던 아브라함처럼 우리 역시 하나님의 자녀로서 진실한 마음을 가지고 그분의 도구로, 또 친구로 살아갈 수 있을 것입니다.

《존 비비어의 동행》에는 하나님의 영광과 하나님을 바라보는 우리의 자세가 명확하게 설명되어 있습니다. 하나님을 경외하는 자세를 갖춤으로써 하나님과 동행하는 축복을 누리기를 바랍니다. 당신을 향해 다가오시는 하나님을 느끼며 그 안에서 새로운 비전을 꿈꿀 수 있기를 기도합니다.

박성민 목사_ 한국대학생선교회(C.C.C.) 대표

•• 《존 비비어의 동행》을 읽으면서 저도 존 비비어 목사님과 비슷한 경험을 한 기억이 떠올랐습니다. 저는 1,000여 명이 모이는 청소년부를 맡아서 사역을 하고 있었습니다. 하지만 더 많이 모이기를 바라며, 2,000명을 놓고 기도하는 중에 하나님이 뭔가를 말씀하시는 것 같았습니다. 하나님은 과연 2,000명을 누가 원하는지 물으셨습니다. 저는 순간 부끄러움을 느꼈습니다. 인원이 2배가 된다면 저는 유명해질 것입니다. 제가 원했던 것은 하나님의 회복과 영적 부흥이 아니라 저의 성공이라는 사실을 깨달았습니다. 오늘 우리는 하나님의 뜻과 영광을 구하며 살고 있는가를 늘 묻고 살아야 합니다. 자신의 뜻이 아닌 하나님의 뜻이 이루어지길 기도해야 하고 자신의 성공이 아닌 하나님의 영광을 추구하는 삶이 되어야 합니다.

이번에 출간된 《존 비비어의 동행》은 하나님의 영광을 구하는 자들에게 새로운 도전과 감동을 주는 책입니다. 하나님을 기쁘시게 하는 삶이 무엇인지를 묻는 사람들에게 답을 주고 있기에 사역자들뿐만 아니라 모든 하나님의 사람들이 읽어야 할 책입니다. 특별히 이제 막 사역을 시작한 사역자들에게 추천하고 싶습니다.

원 베네딕트 선교사_ 유스미션 대표

•• 우리는 '경외감'이라는 단어를 상실한 시대에 살고 있습니다. 탈전통, 탈권위의 포스트모더니즘 문화는 부조리한 권위에 맞서 싸울 용기와 부당한 힘으로부터의 자유라는 선물을 우리에게 주었지만, 그와 동시에 헨리 나우웬이 《상처입은 치유자》에서 언급했듯이 우리로 하여금 '아버지 상실의 시대'에 살도록 내버려두었습니다. 이런 포스트모더니즘의 가치관은 교회로 깊숙이 흘러들어와 우리에게 '반쪽짜리' 하나님만을 꿈꾸게 합니다. 오직 친밀감이라는 잣대로만 '우리들만의' 하나님을 재단하여, '경외감'이라는 단어를 친밀함과 철저히 분리해 '구약의 세계'로 격리시켰습니다. 결국 많은 그리스도인들은 '경외감'이 담고 있는, 단순한 두려움 이상을 넘어서는, 크고 풍성한 의미를 누리지 못하는 아픔을 겪고 있습니다.

《존 비비어의 동행》은 마치 잃어버렸던 보물의 묵은 먼지를 조심스럽게 털어내고 그 찬란한 빛을 되찾아주듯이, 우리가 잃어버렸던 '경외감'이라는 값진 신앙의 보물을 다시 빛나게 해주는 귀한 역할을 감당할 것입니다. 부디 이 책을 읽는 독자들이 경외감과 친밀감이라는 신앙의 두 날개로 하나님과의 깊고 풍성한 사귐을 누리시길 기도합니다.

전영훈 목사_ 소망의 바다 미니스트리 대표

Prologue

몇해 전 여름, 나는 한 교회에 강사로 초청받은 적이 있다. 그날의 사역은 참으로 불쾌했었다. 그러나 나는 이 일을 계기로, 하나님을 경외하는 것이 무엇인지 알고 싶은 강한 열망이 싹트게 되었다.

내가 그곳에 강사로 가기 2년 전, 이 교회는 하나님의 강력한 역사를 체험했었다. 한 복음전도자가 4주간 사역하는 동안 하나님이 임재하셔서 교회를 부흥시키신 것이다. 교인들은 이때 '거룩한 웃음'을 충만하게 경험했고 그 경험이 너무도 새롭고 좋아서 하나님의 사랑을 향해 나아가는 대신 그 자리에 머물러 그 느낌에 만족하려 했다. 그들은 새롭게 회복시켜주시는 하나님을 아는 것보다 눈에 보이는 신기한 현상에 더 관심을 가졌다.

그런데 집회를 하던 둘째날 밤에 성령님께서는 나에게 '하나님을 경외함'에 대해 설교하도록 이끄셨다. 당시 나는 하나님을 경외하는 방법을 알아가는 중이었지만, 그날 하나님은 나로 하여

금 하나님을 경외함에 대해 설교하도록 인도하셨다.

그 설교를 한 다음날, 나는 집회에서 무슨 일이 벌어질지 전혀 예상하지 못한 채 예배에 참석했었다. 그런데 아무 의논도 없이, 담임목사가 나오더니 집회 둘째날 내가 했던 설교 내용을 정정하는 것이었다. 그는 신약에 사는 성도들은 하나님을 두려워할 필요가 없다고 주장했다. 그것을 뒷받침하는 구절로 요한일서 4장 18절을 들었다. "사랑 안에 두려움이 없고 온전한 사랑이 두려움을 내쫓나니 두려움에는 형벌이 있음이라 두려워하는 자는 사랑 안에서 온전히 이루지 못하였느니라." 그 목사는 '두려워하는 마음'과 '하나님을 경외하는 것'을 혼동하고 있다는 생각이 들었다.

다음날 아침 나는 오랫동안 기도하는 시간을 가졌다. 전날 사건으로 답답하고 무거운 마음으로 하나님 앞에 나아가, 이 상황에 대해 하나님이 대답해 주시기를 간절히 구했다. 하나님은 우리가 구할 때 우리를 가장 좋은 길로 인도하심으로 그분의 거룩하심에 참여하게 해주신다히 12:7-11. 나는 기도하는 즉시 하나님의 큰 사랑을 느꼈다. 그리고 내 설교에 대해 하나님께서 기뻐하신다는 것을 알았다. 그 순간 하나님의 놀라운 임재 안에서 나의 두 눈에서는 주체할 수 없는 많은 눈물이 흘러내렸다.

나는 한참을 기도했는데, 내 영 깊은 곳에서는 '하나님을 경외하는 마음'을 알려달라고 하나님께 간절히 부르짖고 있었다.

"아버지 하나님을 경외하는 마음이 어떤 것인지 알고, 그 말씀 가운데서 살고 싶습니다!"

기도를 마쳤을 때에는 마음이 하나님이 주신 평안으로 가득 찼고 걱정이 깨끗이 사라졌다. 그때 내가 원했던 것은 오직 하나님의 마음을 아는 것뿐이었다. 나는 하나님을 향한 나의 진실한 기도가 하나님의 마음을 깊이 감동시켰다는 것을 느꼈다. 그날 이후 하나님은 나에게 하나님을 경외하는 것의 중요성을 정말 신실하게 보여주셨다. 모든 성도들이 그 중요성에 눈뜨기를 바라시는 그분의 마음 또한 보여주셨다.

나는 그때 하나님이 내 눈을 열어주시기 전까지는 주님을 경외함이 얼마나 중요한지 제대로 알지 못했다는 것을 고백한다. 나는 하나님과 우리와의 관계의 기초는 '사랑'이어야 한다고 항상 생각해왔다. 그런데 하나님을 경외하는 마음이 모든 것의 기초가 되어야 한다는 것을 이 일을 계기로 새롭게 깨닫게 되었다.

> 여호와께서는 지극히 존귀하시니 그는 높은 곳에 거하심이요 정의와 공의를 시온에 충만하게 하심이라 네 시대에 평안함이 있으며 구원과 지혜와 지식이 풍성할 것이니 여호와를 경외함이 네 보배니라 사 33:5-6

하나님을 향한 거룩한 경외심은 구원과 지혜와 지식의 보물

창고를 여는 열쇠다. 경외심은 하나님의 사랑과 더불어 인생의 기초를 세운다!

집을 잘 지으려면 집의 기초와 틀을 세우는 것부터 시작한다. 기초가 잘 세워져야 타일이나 카펫, 창문, 가구, 페인트 같은 마감재들을 지탱할 수 있다. 일단 집이 다 지어진 후에는 그 기초자재와 골조들은 전혀 보이지 않지만, 그것들이 아름다운 가구와 내부 마감재들 속에서 집 전체가 유지되도록 지탱하고 보호해준다. 건물에 골조가 없다면, 자재들을 그저 쌓아놓는 것밖에 할 수 없다.

이 책의 구성도 마찬가지다. 우리는 하나님을 경외하는 것에 대해 깊이 살펴본 후, 하나님과 친밀하게 동행하는 방법에 대해 나눌 것이다. 즉 하나님을 경외함이 그리스도인에게 얼마나 중요한지를 설명한 다음, 그것이 하나님과 친밀하게 동행하는데 어떠한 역할을 하는지 이야기하고 끝을 맺을 것이다. 각 장에 담긴 진리들은 우리가 하나님과 친밀해지는 길을 안내해줄 것이며 동시에 우리의 실제 삶에 많은 변화를 가져다줄 것이다. 이 책을 건축 중인 집이라 생각하고 읽으라. 기본 틀을 세우다가 갑자기 카펫을 까는 단계로 뛰어넘지 않기를 바란다. 건물은 단계적으로 지어져야 완성되며 하나님을 경외하는 마음과 우리의 믿음도 그래야 한다.

각 장을 기도하면서 읽고 성령님께서 말씀을 계시해주시도록 기도하라. "문자는 죽이는 것이요, 영은 살리는 것이기" 때문이다 고후 3:6.

하나님을 경외한다는 것은 사람의 이해수준을 넘어서 마음속에서 일어나는 일이다. 경외함(사전의 의미는 '공경하면서 두려워함'이다. 즉 다시 말하면 너무 존귀하고 거룩하여 두려워할 정도로 존경하는 마음을 가지는 것을 뜻한다. - 역자 주)은 말씀을 읽을 때 성령님의 계시를 통해 깨달아지며, 여호와의 영이 우리 마음에 충만하게 임하실 때 나타난다. 하나님은 그분을 간절히 찾는 이들의 마음속에 경외하는 마음을 심어주신다 렘 29:11-14, 32:40.

John Bevere

역·자·의·글

　나는 독자에게 이 책의 9장까지 읽기 전에는 이 책을 읽었다고 말하지 말라고 강조하고 싶다. 이 책은 시작부터 사람들이 하나님을 경외하지 않는 것에 대해 강하게 지적하기 때문에 독자들의 마음이 편치 않을 수 있다. 왜냐하면 많은 사람들은 저자가 말하는 것처럼 살고 있지 않기 때문이다. 그래서 "요즘의 사람들에게는 너무 과다한 요구야." "누구라도 저자가 말하는 것처럼 살기는 힘들걸?"하는 의혹이 생길 수 있다.

　이 책에서 저자는 사역하는 자들이 "입술로는 하나님을 높이나, 인간이 만든 계명으로 하나님을 경외하라고 가르치고 자신들의 생각으로 하나님의 말씀과 명령을 걸러낸다."고 지적한다. "교회에서조차 하나님을 타락한 인간의 형상으로 끌어내리고, 하나님의 응답을 우리 사회의 수준으로 격하"시키고 있다고 지적한다. 누구나 이런 메시지를 들으면 당연히 위축되기 마련이다. 왜냐하면 누구던지 그가 지적하는 대다수의 사람들에서 제외되기는 힘들기 때문이다.

　우리가 여기까지만 읽는다면 존 비비어가 믿는 사람들의 마음자세를 비판하려고 한다고 오해할 수 있다. 그러나 책의 중반으로 넘어가면서 존 비비어는 하나님을 경외하는 일이야말로 하나님과 친밀해지고 영원히 함께 동행할 수 있는 유일한 길임을 말씀과 역사를 통해 증명하고, 이제 우리에게 하나님을 경외하는 방법을 자세하게 안내해줌으로써 우리를 희망으로 이끌어준다. 우리는 여기서 하나님을 경외할때 얻게 되는 깊은 영적인 깨달음과 하나님이 주시는 놀라운 사랑을 경험하게 된다.

기독교인들이 믿는다는 것이 자신의 삶을 어떻게 바꾸었는지, 이전과 어떻게 다르게 살고 있는지에 대해 명확한 차이를 보이지 못하고 세상 속에 묻혀서 살아가는 경우가 많은데, 《존 비비어의 동행》은 우리가 하나님을 믿으면서도 발휘하지 못했던 비밀의 힘을 갖게 해줄 것이다.

존 비비어의 영적인 민감함과 따뜻한 사랑의 안내를 통해 우리는 하나님의 빛나는 영광을 바라보며 하나님과 더욱 친밀하게 동행하는 삶을 살게 될 것이다.

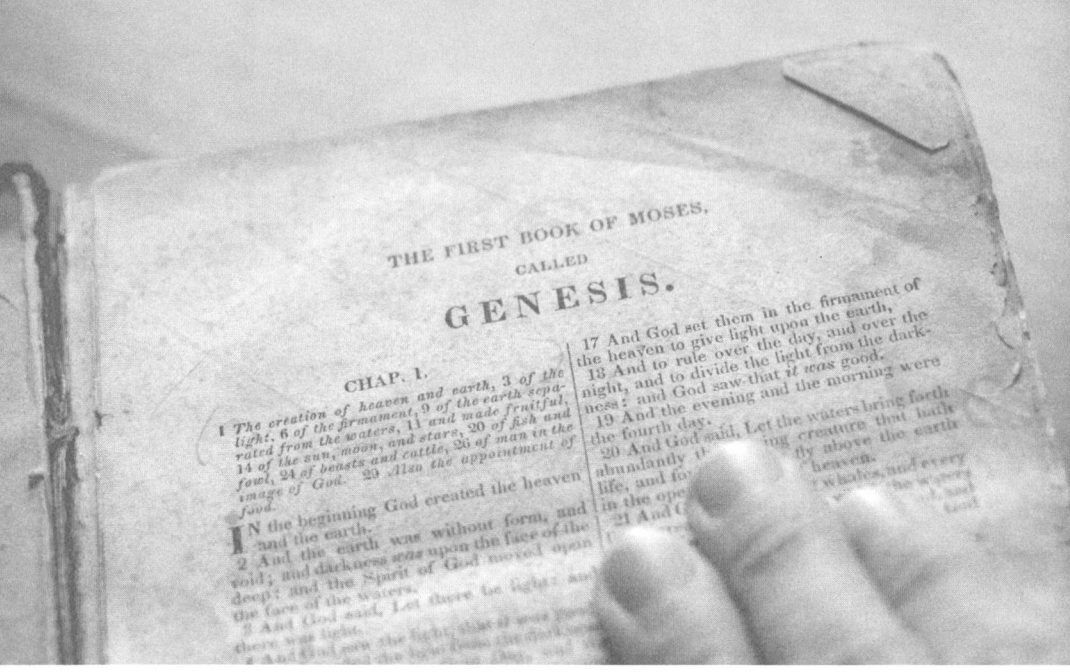

CONTENTS

추천의 글
Prologue
역자의 글

chapter 1 　하늘에서 불어오는 바람 18

나는 나를 가까이하는 자 중에서 내 거룩함을 나타내겠고
온 백성 앞에서 내 영광을 나타내리라 _레 10:3

하나님의 임재가 없는 교회 22 ● 하나님의 임재를 구할 때 25
하나님의 임재가 나타날 때 27

chapter 2 　왜곡된 권위자 상 32

무릇 구름 위에서 능히 여호와와 비교할 자 누구며 신들 중에서
여호와와 같은 자 누구리이까 하나님은 거룩한 자의 모임 가운데에서 매우
무서워할 이시오며 둘러 있는 모든 자 위에 더욱 두려워할 이시니이다 _시 89:6-7

외면당한 구세주 35 ● 여호와를 우상과 뒤바꾼 사람들 37
하나님을 착각하는 사람들 40 ● 왜곡된 영광 42

chapter 3 　하나님을 찬양하는 우주의 노래 46

여호와 나의 하나님이여 주께서 행하신 기적이 많고
우리를 향하신 주의 생각도 많아 … _시 40:5

천사들이 외치는 찬양의 소리 50
우주를 재시는 하나님의 손가락 52
하나님을 찬양하는 우주의 세계 54
피조물을 감싼 하나님의 지혜 56
주의 손가락으로 그려진 세상 58

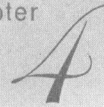

chapter 4 · 경외심을 갖는 방법 60

어두운 데에 빛이 비치라 말씀하셨던 그 하나님께서 예수 그리스도의
얼굴에 있는 하나님의 영광을 아는 빛을 우리 마음에 비추셨느니라 _고후 4:6

거룩한 질서의 시작, 성막 66 ● 더 밝은 빛, 하나님의 영광 69
거룩함을 평범함으로 다룬 나답과 아비후 77
온전히 완성된 여호와의 전 80

chapter 5 · 회복된 마음의 성전 84

너희는 너희 자신의 것이 아니라 값으로 산 것이 되었으니 그런즉
너희 몸으로 하나님께 영광을 돌리라 … _고전 6:19-20

마음을 다지는 초기 작업 87
예수님의 헌신으로 열린 마음의 문 90
하나님께 온전히 순종하는 마음 92
기적과 구원을 주신 하나님의 영광 96

chapter 6 · 하나님을 향한 미숙한 사랑 98

오직 너희를 부르신 거룩한 이처럼 너희도 모든 행실에 거룩한 자가 되라
기록되었으되 내가 거룩하니 너희도 거룩할지어다 하셨느니라 _벧전 1:15-16

기만의 대가를 받은 사람들 101
즉각적인 심판을 받은 어리석은 마음 116
하나님의 영광이 약해지는 시대 118
즉각적인 심판이 지연된 이유 121

chapter 7 · 다가오는 영광 128

이 성전의 나중 영광이 이전 영광보다 크리라 만군의 여호와의 말이니라
내가 이곳에 평강을 주리라 만군의 여호와의 말이니라 _학 2:9

우리의 마음은 어디에 있는가 134
참된 지도자는 어디에 있는가 138
이방인에게도 계시하시는 하나님 142
온 세계에 내릴 하나님의 영광 145

chapter 8 **늦은 비의 영광** 150

주께서는 죄악과 그 기업에 남은 자의 허물을 사유하시며
인애를 기뻐하시므로 진노를 오래 품지 아니하시나이다 _미 7:18

경외함으로 하나님의 영광에 참여하라 155
하나님이 원하시는 방법을 구하라 157
보배를 찾듯 하나님을 찾을 때 열리는 생명의 문 163
회복된 다윗의 장막 168

chapter 9 **하나님과 더 가까워지는 방법** 172

다만 그들이 항상 이 같은 마음을 품어 나를 경외하며 내 모든 명령을 지켜서
그들과 그 자손이 영원히 복 받기를 원하노라 _신 5:29

가려진 하나님의 광채 176
무엇이 백성들의 눈을 멀게 했을까 181
시련의 불을 통해 드러나는 우리의 마음 185
하나님만을 사랑한 모세 188

chapter 10 **세상의 빛이 되기** 196

네 의를 빛 같이 나타내시며
네 공의를 정오의 빛 같이 하시리로다 _시 37:6

기만의 베일을 벗기다 201
우리의 시각이 우리를 만든다 204
요셉의 마음 212 • 우리 마음속에서 빛날 하나님의 영광 219

chapter 11 **하나님과 동행하기** 222

여호와의 친밀하심이 그를 경외하는 자들에게 있음이여
그의 언약을 그들에게 보이시리로다 _시 25:14

믿음의 문을 통과한 하나님의 친구 228
비밀을 드러내신 여호와 이레 하나님 230
거룩한 경외심을 회복하기 243
하나님을 경외함으로 받는 축복 246

Epilogue

CONTENTS 17

나는 나를 가까이하는 자 중에서
내 거룩함을 나타내겠고
온 백성 앞에서 내 영광을 나타내리라

_레 10:3

1
하늘에서 불어오는 바람

Walking with God

> 왕의 왕, 주의 주께서
> 합당한 영광과 존경을 받지 못하는 곳에 들어가실 것이라고 생각하는가?

몇해 전 새해를 맞이한 지 열흘밖에 안 됐을 때였다. 한번도 브라질에 가본 적이 없었는데 브라질에서 전국적으로 열리는 집회에 강사로 초빙되었다. 감사한 마음으로 밤새 비행기를 타고 브라질에 도착하니 많은 사람들이 열렬히 환영해주었다. 집회에 대한 그들의 기대가 느껴졌고, 하나님을 향한 그들의 열정에 나도 힘이 솟았다.

첫 예배는 그날 저녁, 수도 브라질리아에서 있었다. 나는 몇 시간 동안 휴식을 취하고 나서 집회 장소로 출발했다. 차들이 주차장에 가득찬 걸 보고 집회에 참석하는 사람들이 많은 것을 알았다.

내가 건물 가까이 다가가자 음악소리가 크게 들려오고, 그것도 익숙한 찬송을 브라질의 주언어인 포르투갈어로 들으니 흥분과 기대감에 가슴이 부풀어 올랐다.

하나님의 임재가 없는 교회

집회 장소에 들어서자 나는 친절한 교회 지도자들에 의해 곧바로 강단으로 안내되었다. 강당은 사람들로 꽉차 있었으며 우렁찬 찬양에 강단이 흔들렸다. 강당 안의 음악은 아주 좋았고 연주자들의 실력은 매우 훌륭했다. 그런데 그곳에서는 이상하게도 하나님의 임재가 느껴지지 않는 것이었다. 이상한 분위기를 감지한 나는 "하나님, 어디 계십니까? 주님, 주님의 임재가 어디 있습니까?" 하고 물었다.

나는 주님의 응답을 기다리는 동안 주변을 살펴보다가 강당 안의 상황을 알게 되었다. 밝은 조명을 통해 여기저기 방황하는 사람들이 보였다. 많은 사람들이 멍하니 있었고 따분하게 앉아 있는 사람들도 눈에 많이 띄었다. 그들의 자세와 표정은 쇼가 시작되기를 기다리는 무심한 군중들 같았다. 서로 이야기를 나누는 사람도 있었고, 복도를 돌아다니거나 강당에 들어왔다 나갔다 하는 사람도 있었다. 나는 그들의 방황에 마음이 아파왔다. 이것은 하나님을 만나기 위한 전도집회가 아니라 어떤 단체의 정규 모임 같았다. 물론 믿지 않는 사람들도 있었지만, 이 냉담하고 무관심한 군중의 대부분이 '그리스도인'이란 것이 믿기지 않을 정도였다.

나는 사람들이 주님을 바라보고 공경하는 자세로 바뀌기를 기다렸다. '곧 분위기가 바뀌겠지.'라고 생각했지만 집회 분위기는 바뀌지 않았다. 30분쯤 지나자 음악 템포가 느려지면서 '예배송'이 시작되었다. 그러나 내가 본 광경은 참된 예배와는 거리가 멀었다. 무심한 사람들의 태도는 예배에까지 이어졌다.

찬양이 끝났을 때는 시간이 오래 지난 듯했으나 실은 40분도 되지 않은 시간이었다. 사람들은 모두 자리에 앉았지만 여기저기서 웅성거리는 소리가 들렸다. 성경을 읽고 설교가 시작됐지만 설교시간 내내 웅성거리는 소리와 어수선하게 왔다갔다 하는 사람들의 모습이 끊이지 않았다. 많은 사람들이 예배에 집중하지 않았다. 그들에게 실망한 나는 통역자에게 평소의 예배 분위기가 이러냐고 물었다. "때로는 사람들에게 제발 예배에 집중해달라고 부탁할 때도 있답니다."

나는 사람들의 예배 태도의 불성실함에 화가 나기 시작했다. 다른 집회에서도 불손하게 행동하는 사람들을 본 적이 있지만 이 정도는 아니었다. 그런 집회에 갈 때마다 나는 비슷한 영적 분위기를 느꼈다. 집회의 분위기가 침체되어 있고, 사람들의 마음이 분산되어 있어 하나님의 임재가 없었다. 이제 나는 '주님, 주님의 임재가 어디 있습니까?' 라는 질문에 답을 얻었다. 하나님의 임재는 틀림없이 그 자리에 없었다. 그런 생각을 하고 있을 때 하나님의 영이 말씀하셨다. "네가 이 문제에 바로 대응하기를 바란다."

드디어 내 설교 순서가 되었다. 강단에 올라서서 군중을 바라보았다. 나는 사람들이 주목할 때까지 아무 말도 하지 않았다. 내가슴속에서는 거룩한 분노가 타올랐다. 얼마나 시간이 지났을까, 강단에서 아무런 소리가 들리지 않는 것을 의식하고는 사람들 모두가 조용해졌다.

나는 인사말 대신 처음부터 질문을 던졌다. "만일 여러분이 이야기를 하는데 사람들이 무시하면 어떤 기분이 들까요? 무관심하게 다른 곳을 쳐다보고 있다면 어떨까요?" 잠시 침묵이 흐른 뒤, 내가 말했다. "물론 기분이 나쁠 겁니다. 그렇죠?" 나는 질문을 계속했다. "여러분이 이웃집을 찾아가 초인종을 누를 때 그 집 주인이 당신을 건성으로 맞이하며 '어머, 또 오셨어요? 들어오세요.'라고 한다면 어떤 기분이 들까요?" 나는 조금 쉬었다 이렇게 덧붙였다. "다시는 그 집을 찾아가고 싶지 않을 겁니다. 그렇죠?" 그리고 단호하게 말했다. "왕의 왕, 주의 주께서 합당한 영광과 존경을 받지 못하시는 곳에 오실까요? 만물의 주인이신 하나님이 설교를 주의 깊게 듣지 않는 사람들에게 말씀하실까요? 하나님께서 말씀하실 거라고 생각한다면 큰 오산입니다! 저는 오늘밤 이 건물 안으로 들어오면서 하나님의 임재를 전혀 느끼지 못했습니다. 이곳에는 찬양에도, 경배에도, 권고의 말씀에도, 헌금하는 동안에도 하나님이 계시지 않았습니다. 왜일까요? 이유는 하나입니다. 하나님은 존경받지 못하는 곳에 임하시지 않기 때문입니다. 오늘밤 이 강단에 대통령이 섰다면 사람들은 경의를 표했을 것입니다. 부푼 기대를 품고 대통령의 말 한마디 한마디를 경청했겠

죠. 그러나 조금 전 하나님의 말씀을 읽을 때 여러분들은 건성으로 듣고 있었습니다. 그분의 말씀을 중요하게 여기지 않았다는 얘기입니다." 나는 이렇게 말하고 나서 하나님이 그분께 나아오는 사람들에게 무엇을 요구하시는지 성경말씀을 찾아 읽었다.

> 나는 나를 가까이하는 자 중에서 내 거룩함을 나타내겠고 온 백성 앞에서 내 영광을 나타내리라레 10:3

하나님의 임재를 구할 때

나는 성령께서 감동을 주시는대로 메시지를 전했다. 내게서는 담대하고 권위 있는 하나님의 말씀이 흘러나왔고, 사람들의 생각이나 반응은 전혀 두렵지 않았다. 나는 '내일 당장 이 나라에서 쫓겨나더라도 상관없다. 난 하나님께 순종할 것이다!' 라는 생각을 하며 강하게 선포했다.

순간 강당 안은 너무나 조용해서 핀 떨어지는 소리까지 들릴 정도였다. 그후 1시간 반 동안 움직이는 사람도 없었고 경시하는 태도도 없었다. 하나님의 성령이 말씀으로 사람들의 주의를 사로잡은 것이다. 집회의 분위기가 순식간에 바뀌었다. 하나님 말씀이 마음의 단단한 껍질을 두드리고 계신 것이 느껴졌다.

나는 메시지를 마치고, 모두에게 눈을 감으라고 했다. 그들에게 짧고 분명하게 회개할 것을 요청했다. "하나님이 거룩하다고 하신 것을 하찮게 대했다면, 하나님의 일들에 대해 불경한 태도를 갖고 살았다면, 오늘밤 성령님이 말씀으로 여러분의 죄를 깨우쳐주셨다면, 하나님 앞에 회개하시겠습니까? 그런 분은 일어나십시오."

강당 안의 사람들 중 75퍼센트 정도가 주저 없이 일어났다. 나는 큰 소리로 간단하지만 진지한 기도를 드렸다. "주님, 오늘밤 이 사람들에게 전한 주님의 말씀을 확증해주소서."

기도가 끝나는 즉시 하나님의 임재가 강당을 가득 채웠다. 회중에게 기도를 시키지 않았는데도, 곳곳에서 흐느끼는 소리와 탄식소리가 들렸다. 하나님의 임재의 물결이 건물 전체를 휩쓸고 지나가며 더러운 것을 정결케 하고 낡은 것을 새롭게 하는 것 같았다. 사람들에게 기도하도록 요청하자 눈물을 닦는 사람들의 모습이 보였다. 강당 안에서 하나님의 놀라운 임재는 계속되었다.

잠시 후 하나님의 임재가 잠잠해졌다. 나는 사람들에게 주인 되신 주님께 초점을 두라고 권면했다.

시간이 조금 흐른 뒤, 다시 한 번 하나님의 임재의 물결이 건물 전체를 가득 채웠다. 사람들의 격렬한 울부짖음과 많은 눈물이 기도와 함께 쏟아졌다. 이번에는 하나님의 임재가 더 광범위해져서 더 많은 사람들이 감동을 받았다. 감동의 시간이 몇 분간 계속되다가 또다시 잠잠해졌다. 나는 성령의 파도가 몰아치는 사이사이에 이 파도 속에서 표류하지 말고 마음의 초점을 꽉 붙잡으라고 권고했다.

하나님의 임재가 나타날 때

몇 분 후, 성령께서 내 마음에 속삭이셨다. "내가 다시 오고 있다." 나는 그 즉시 선포했다. "그분이 다시 오십니다!"

그 다음에 일어난 일에 대해서는 지금 정확히 표현할 수 없다. 나의 말과 글은 한정되어 있고, 하나님은 너무나 경이로우신 분이기 때문에 표현할 수 없다. 그렇다고 과장해서 말할 수도 없다. 그 또한 하나님께 불경한 일이기 때문이다.

다시 한 번 "그분이 다시 오십니다."라는 말이 내 입에서 나가자, 활주로에서 100미터 정도 떨어진 곳에서 거대한 제트기가 발사되는 장면을 보는 것 같은 놀라운 일이 벌어졌다. 엄청난 바람이 청중석을 휩쓸고 지나갔다. 그와 동시에 사람들의 입에서 뜨겁고 열정적인 기도가 쏟아져 나왔고, 그들의 목소리는 더욱 높아지면서 하나로 모아져 한 사람이 외치는 소리 같았다.

처음 그 큰 바람 소리를 들었을 때에는 제트기가 지나가는 줄 알았다. 나는 조금이라도 확실치 않으면 하나님의 역사로 간주하고 싶지 않을 정도로 정확한 성격이라서 근처에 공항이 있는지 기억을 더듬었다. 공항은 분명히 없었고, 2시간 동안 비행기 날아가는 소리도 들린 적이 없었다.

나는 내면의 성령님께 눈을 돌렸다. 뜨거운 하나님의 임재가 느껴졌고, 사람들에게서 놀라운 기도가 터져 나왔다. 이것은 분명 비행기가 지나가는 소리가 아니었다. 설령 비행기가 지나갔다고 하더라도, 3,000명의 사람들이 큰 소리로 기도하는 가운데 비행기 소리가 그렇게 크게 들리지는 않았을 것이다.

내가 들었던 소리는 비행기 소리보다 훨씬 더 컸고, 청중의 기도하는 큰 목소리를 제압할 정도였다. 나는 마음속으로 그 바람이 성령의 바람이었다는 결론을 내렸지만, 그것에 대해서는 아무 말도 하지 않았다. 불확실한 정보를 말하거나 영적 현상을 열정적으로 공언해 사람들을 자극하고 싶지 않았기 때문이다. 이 거대한 바람 소리는 약 2분간 지속되었다. 그 소리가 잠잠해지자 사람들은 다시 눈물을 흘리며 진심으로 기도했다. 강당 안은 하나님을 향한 거룩한 경외심으로 가득찼다. 주님의 임재는 생생하고 강력했다.

거룩하고 뜨거운 하나님의 임재의 파도는 20분 정도 지속되었다. 그때 나는 사회자에게 강단을 넘기고서는 바로 그곳을 나가게 해달라고 부탁했다. 보통 때는 예배가 끝난 후 사람들과 대화를 나누기도 했지만, 그때는 될 수 있는 한 빨리 혼자 있고 싶었다. 교회 관계자들이 나에게 저녁식사를 청했지만 거절했다. 나는 여전히 하나님의 임재에 온몸이 떨렸다.

나는 급히 교회를 빠져나와 통역자, 그 교회 사역자인 한 여성, 그녀의 남편과 함께 호텔로 돌아왔다. 그 여성은 아주 유명한 음악가였다. 그녀는 차에 타면서 이렇게 외쳤다. "바람 소리 들으셨죠?"

나는 바로 대답했다. "비행기 소리였어요." (마음속으로는 그렇지 않다는 걸 알았지만 확인받고 싶은 마음도 있었기에 먼저 이야기를 꺼내지 않기로 했다.)

그녀는 고개를 저으며 말했다. "아니에요. 하나님의 영이었어요."

그때 그녀의 남편이 단호한 목소리로 말했다. "그 건물 근처에는 비행기가 다니지 않습니다. 더군다나 그 바람 소리는 스피커를 통해 나온 것이 아니었어요. 공명판에는 어떤 잡음도 잡히지 않았거든요."

나는 그 말을 들으며 두려움에 사로잡혔다. 나중에 그 바람 소리가 비행기에서 난 소리가 아니라고 확인할 수 있는 증인이 또 나타났다. 밖에 있던 경찰도 건물 안에서 울리는 엄청난 소리를 들었다고 보고했기 때문이다. 그때 밖에는 바람도 불지 않았었다. 그저 평범하고 고요한 밤이었다.

그 사역자는 눈물을 흘리며 말했다. "전 불의 파도가 그 건물로 내려오고 곳곳에 천사들이 있는 것을 보았어요!"

난 내 귀를 의심했다. 두 달 전 노스캐롤라이나 집회에서도 똑같은 이야기를 들었었다! 그때도 하나님을 경외하는 것에 대해 설교했고, 하나님의 임재가 집회 가운데 강력하게 임했었다. 그곳에 있던 100명이 넘는 어린아이들이 펑펑 울었다. 그때 한 사역자가 불덩이들이 파도처럼 내려오는 것을 보았다고 했었다.

그 이야기를 들은 후 나는 그저 주님과 단 둘이 있고 싶었다. 호텔방에서 홀로 있게 되자, 거룩한 예배와 기도를 드렸다.

나는 리우데자네이루로 떠나기 전에 그 교회에서 한번 더 예배를 인도하기로 계획되어 있었다. 이번에는 예배 분위기가 이전과 완전히 달랐다. 사람들이 주님을 경외하는 마음이 회복되었다는 것을 느낄 수 있었다. 찬양도 너무나 아름다웠고, 하나님의 임재가 몹시도 감미로웠다.

다윗은 "주를 경외함으로 성전을 향하여 예배하리이다"시 5:7라고 했다. 모든 예배는 하나님의 임재를 존중하는 마음으로 드려야 한다. "내 성소를 귀히 여기라 나는 여호와이니라"레 19:30라고 하나님이 말씀하셨다.

이 두번째 예배에서는 많은 사람들이 구원받고 치유받았다. 슬픔에 묶여 있던 사람들, 분노를 품고 있던 사람들이 자유케 되었다. 하나님이 존경받으시는 곳에 하나님의 임재가 나타나고, 하나님의 임재가 나타나는 곳에서는 사람들의 필요가 채워진다.

너희 성도들아 여호와를 경외하라 그를 경외하는 자에게는 부족함

이 없도다시 34:9

　이것이 오늘날 우리가 받아야 할 메시지다. '하나님을 경외하라!' 앞으로 우리는 성령님의 도우심을 통해 하나님을 경외하는 것의 의미를 알게 될 것이다. 나는 이 책을 읽는 모든 사람들이 나와 함께 진리의 보물 속으로 걸어 들어가서, 하나님을 경외함으로써 하나님의 풍성한 은혜를 누리며 하나님과 평생 아름다운 동행을 할 수 있기를 소원한다.

무릇 구름 위에서 능히 여호와와 비교할 자 누구며

신들 중에서 여호와와 같은 자 누구리이까

하나님은 거룩한 자의 모임 가운데에서

매우 무서워할 이시오며 둘러 있는 모든 자 위에

더욱 두려워할 이시니이다

_시 89:6-7

2 왜곡된 권위자 상

Walking with God

예수님을 쉽게 구세주, 치유자, 구원자로 고백하지만
행동과 마음자세로 하나님의 영광을 타락한 인간 수준으로 떨어뜨리는 사람들이 있다.

하나님을 경외하는 것에 대해 이야기하기 전에, 우리가 섬기는 하나님의 위대하심과 영광에 대해 좀더 깊이 나누어 보고자 한다. 시편 기자는 '하나님이 매우 두렵고 놀라우신 분임을 선포한 다음에 그분을 경외하라'고 말했다. 이것은 "우주에서 누가 여호와와 비교될 수 있겠는가?"라는 담대하고 확신에 찬 고백이다. 우리가 하나님의 위대하심을 인식하지 못하고 그분이 영광받으셔야 할 이유를 모른다면, 어떻게 하나님께 합당한 영광과 존귀를 돌릴 수 있겠는가?

외면당한 구세주

어느 나라에 국민들에게 존경받는 왕이 있었다. 왕은 어디를 가든 국민들의 칭송과 환대를 받았고, 왕 역시 국민들을 무척이나 사랑했다. 그의 통치로 인해 국민들은 평화롭고 윤택한 삶을 살 수 있었다. 주변 나라 국민들도 이 왕의 명성을 듣고 부러워하며 서로 보고 싶어했다. 그러던 어느 날 왕이 수행원도 없이 평범한 옷차림으로 주변 나라를 둘러보기 위해 혼자서 성을 빠져나갔다. 왕은 주변 국가에서 어떤 대접을 받았을까? 그가 누구인지 어느 누구도 알아보지 못했다. 왕의 명성을 듣고 보고 싶어했던 사람들도 평범한 옷차림의 그가 아무리 지혜롭고 놀라운 소식을 전해도 왕이라고 생각하지 않았다. 그가 스스로 왕이라고 말했을 때, 그의 인품과 하는 일을 보았음에도 사람들은 그의 말을 믿지 않았다.

요한은 예수, 임마누엘, 육신으로 나타나신 하나님에 대해 이렇게 고백했다.

> 그가 세상에 계셨으며 세상은 그로 말미암아 지은 바 되었으되 세상이 그를 알지 못하였고 자기 땅에 오매 자기 백성이 영접하지 아니하였으나 요 1:10-11

우주와 세상을 창조하신 분이 세상에서 합당한 영광과 영접을 받지 못하셨다. 더 슬픈 사실은 하나님께서 하나님의 약속을 기다리던 백성, 즉 하나님의 능력으로 구원받은 그 백성들에게 오셨으나 환영받지 못하셨다는 것이다. 사람들은 주님이 오신다는 사실을 이야기하고, 주님의 오심을 기대하며 성전을 찾아가고, 주님의 통치와 은혜들을 구하고 기도했으나, 정작 그들 앞에 주님이 오셨을 때에는 알아보지 못했다. 하나님의 백성들은 그들이 신실하게 섬긴다고 고백했던 주님을 알아보지 못했다. 이스라엘 백성들은 하나님의 크신 능력만 모르는 것이 아니라 그분의 크신 지혜도 몰랐다. 그러므로 그들이 주님을 경외하지 않은 것은 이상한 일이 아니다. 하나님은 그것을 이렇게 설명하셨다.

> 이 백성이 입으로는 나를 가까이하며 입술로는 나를 공경하나 그들의 마음은 내게서 멀리 떠났나니 그들이 나를 경외함은 사람의 계명으로 가르침을 받았을 뿐이라 사 29:13

이 말은 사람들이 하나님의 영광을 타락한 인간의 영광으로 격하시켰다는 뜻이다. 그들은 자기들이 지어낸 하나님을 섬겼다. 참된 하나님이 아니라 자기들의 기준으로 만든 하나님을 섬긴 것이다.

여호와를 우상과 뒤바꾼 사람들

예수님 당시의 사람들만 그런 것이 아니다. 물론 그 시대에 가장 심각했던 것은 사실이지만, 하나님의 계시를 맡은 사람들, 그 계시의 말씀에 헌신했다는 세대에서도 똑같은 잘못이 반복되었다.

하나님과의 약속을 어긴 아담의 죄에서도 이런 불경한 모습을 볼 수 있다. 아담은 뱀의 말을 귀담아 들었다. "너희가 그것을 먹는 날에는 너희 눈이 밝아져 하나님과 같이 되어 선악을 알 줄 하나님이 아심이니라"창 3:5.

"하나님이여… 누가 주와 같으리이까"라고 시편 기자가 고백한다시 71:19. 아담이 하나님을 떠나 '하나님과 같이' 될 수 있다고 생각한 것은 얼마나 부질없는 일인가. 아담은 허황된 생각으로 하나님을 인간 수준으로 전락시켰다. 끝없이 반복되었던 이스라엘 백성들의 잘못을 살펴보면, 그들이 반항한 이유도 이와 같다. 이스라엘 백성들은 하나님의 영광에 대한 잘못된 생각을 가지고 하나님을 두려워했다.

모세는 하나님의 말씀을 받기 위해 시내산에 올랐다. 여러 날이 지나도록 모세가 돌아오지 않자 백성들이 한데 모였다출 32:1. 하나님의 능력과 임재를 떠나 자기들의 지혜로 모일 때 문제는 항상 시작된다. 하나님의 명령을 기다리는 대신, 사람들은 자신의 만족을 얻기 위해 모여서 무언가를 하려 한다. 그래서 오직 하나님만이 주실 수 있는 것을 일시적인 모조품으로 대체하는 것이다.

그들은 하나님의 능력을 여러번 보았으면서도 믿지 못하고 금송아지를 만들었다. 정말 엉뚱하고 매우 어리석어 보이는 일이지만 이스라엘 백성들은 그렇게 했다. 그들은 애굽에서 400년 넘게 그런 형상들을 보아왔기 때문이었다. 애굽 문화에서는 그런 우상들이 아주 흔한 것들이었다.

　금송아지를 만들어 가져가니 백성들이 일제히 소리쳤다. 그들의 지도자는 "이스라엘아 이는 너희를 애굽 땅에서 인도하여 낸 너희의 신이로다 … 내일은 여호와의 절일이니라" 출 32:4-5고 공포했다. 이 상황을 더 잘 이해하려면 5절에 나오는 '여호와' 라는 히브리어를 살펴보아야 한다. 'Yehovah', 'Jehovah', 'Yahweh'로 알려진 이 단어는 '스스로 계신 분' 이라는 뜻으로 참된 하나님께 합당한 이름이다. 그들은 참 하나님께만 그 이름을 사용했다. 이것은 모세가 설교한 하나님의 이름이요, 아브라함이 언약을 맺은 하나님의 이름이요, 우리가 섬기는 하나님의 이름이다. '여호와' 는 성경에서 다른 거짓 신들을 묘사하는데 사용되지 않았다. '여호와, 야훼' 라는 이름은 너무도 거룩하여 히브리 서기관들은 그 이름을 온전히 기록할 수조차 없었다. 그래서 하나님의 신성함을 존중하는 의미에서 일부러 모음을 빼기도 했다.

　그런데 이스라엘 백성과 지도자들은 금송아지를 가리켜 '여호와, 그들을 애굽에서 인도해내신 참 하나님' 이라고 부른 것이다! 그들은 바알신이라고 하거나 다른 거짓 신의 이름을 대지 않았다. 금송아지를 주님의 이름으로 부름으로써 하나님의 위대하심을 자기들에게 익숙한 용어와 형상으로 낮추었다.

이스라엘 백성들이 여전히 애굽에서 구원하신 이를 여호와라고 고백하는 것이 흥미롭다. 그들은 하나님이 하신 일을 부인하지 않았다. 다만 하나님의 위대하심을 익숙한 것으로 격하시켰다.

하나님을 착각하는 사람들

구약의 출애굽은 신약의 구원을 상징한다. 구약성경에 나오는 사건들이 신약성경에서 이루어질 일들의 상징이며 전조였던 것이다. 바울은 신약 시대 사람들에 대해 다음과 같이 묘사했다.

> 창세로부터 그의 보이지 아니하는 것들 곧 그의 영원하신 능력과 신성이 그가 만드신 만물에 분명히 보여 알려졌나니 그러므로 그들이 핑계하지 못할지니라 하나님을 알되 하나님을 영화롭게도 아니하며 감사하지도 아니하고 롬 1:20-21

'하나님을 영화롭게 하지 않는다' 는 말에 주목해보자. 이스라엘 자손들은 여호와의 구원을 인정했지만, 하나님께 합당한 경의와 존경을 드리지 않았다. 신약 시대 사람들도 마찬가지였다. 그들도 하나님께 합당한 경의를 표하지 않았다.

> 썩어지지 아니하는 하나님의 영광을 썩어질 사람… 모양의 우상으로 바꾸었느니라 롬 1:23

우리는 여기서 다시 한 번 참되신 하나님의 영광스러운 형상이 격하되는 것을 볼 수 있다. 이번에는 송아지가 아니라 썩어질 사람 형상이다. 이스라엘이 동물과 곤충 형상의 금신상을 숭배하는 사회에 둘러싸여 있었다면, 현대 교회는 사람을 숭배하는 문화에 둘러싸여 있다.

몇 년 동안 내 머릿속에서 맴돈 말이 있다. '우리는 우리가 만든 하나님을 섬긴다.' 나는 수백 곳의 교회를 다니면서 하나님의 형상을 사람의 형상으로 격하시키는 사고방식을 수없이 접해왔다. 이런 사상이 교회로 침투해 들어오고 있다.

사람들은 선뜻 예수님을 구세주, 치유자, 구원자로 인정한다. 그러나 입술로는 그렇게 그분의 주 되심을 고백하지만 행동과 마음자세로는 주님의 영광을 인간의 수준으로 격하시키고 있다. 그들은 다음과 같이 말한다. "하나님은 내 친구이시다. 그분은 내 마음을 이해해주신다." 하나님이 우리보다 우리의 마음을 더 잘 아시고 우리에게 친밀하게 다가오시는 것은 사실이다. 하지만 이런 말을 하며 하나님을 존경심 없이 함부로 취급하는 언행을 정당화시켜서는 안 된다. 그것은 엄연히 하나님의 말씀에 불순종하는 것이다. 하나님은 말씀과 임재를 위해 어떤 대가를 치르더라도 속히 순종하는 사람들을 원하신다.

　　하나님 앞에 즉각 순종하지 않는 사람은 하나님께 합당한 영광과 존경을 올려드리지 못한다. 사람들은 입술로 하나님을 높이고 인간이 만든 계명으로 하나님을 경외하라고 가르친다. 세상 문화의 영향을 받은 자신들의 생각으로 하나님의 말씀과 명령을 해석하고 걸러내는 것이다. 하나님을 말씀에 기반해서 생각하는 것이 아니라 자신의 제한된 지식으로 만들어낸다.

　　그래서 사람들은 권위에 대해 비판하기를 좋아한다. 시트콤에서 토크쇼까지 권위자들을 끊임없이 헐뜯고 욕한다. 매스컴은 리더십을 조롱하며 교활하고 반항적인 사람들을 부추긴다. 그러나 실제로 지도자들이 타락하면 어떻게 해야 하는가? 하나님은 뭐라고 말씀하시는가? "너의 백성의 관리를 비방하지 말라"행 23:5. 우리는 부정한 지도자들을 비판하는 것을 하나님이 찬성하신다고 생각한다. 이런 잘못된 생각은 교회에서조차 통용되고 있다. 우리는 하나님을 타락한 인간의 형상으로 끌어내리고, 하나님의 응답을 우리 사회의 수준으로 격하시키고 있다.

왜곡된 영광

나는 목회자들이 "하나님은 내가 행복하길 원하십니다."라는 말로 이혼을 정당화하는 것을 보았다. 그들은 실제로 하나님과 맺은 서약에 순종하는 것보다 자신의 행복이 더 중요하다고 믿는다.

어떤 목회자는 이런 말을 했다. "존, 저는 아내와 이혼하기로 결심했습니다. 우리는 지난 18년 동안 사이가 안 좋았습니다. 함께 영화를 보거나 즐거운 시간을 보내는 일도 없었습니다. 당신도 알다시피, 전 예수님을 사랑합니다. 제가 하는 일이 옳지 않다면 주님이 말씀해주실 것입니다." 하나님이 이미 선포하신 말씀을 목회자가 무시하는데 무엇 때문에 하나님이 그에게 개인적으로 말씀해주신다고 생각하는 걸까?

이런 사람들은 하나님 앞에서 자신만이 예외라고 믿기 위해 예수님의 말씀을 왜곡한다. 주님의 말씀을 이렇게 생각한다. "내가 성경에서 이혼을 싫어한다고 말한 것은 너에게 해당되는 말이 아니다. 난 네가 행복하길 원하고, 너와 함께 즐거운 시간을 보낼 배우자를 만나길 바란다. 어서 이혼해라. 잘못이라면 나중에 회개하면 된다."

또한 마음속에서 스스로에게 이렇게 말하는 것이다. '다른 사람들에게는 옳고 그른 것이 분명하지만 나는 중간을 취할 수 있어. 남들은 그렇게 하면 잘못이지만 나는 면제받을 수 있어. 명령을 지키는 것이 내 삶을 불편하게 만든다면 지키지 않아도 돼!' 이것이 우리 사회가 생각하는 방식이다.

개인뿐 아니라 공동체에서도 이런 일이 생긴다. 따라서 교회에서 하나님의 영광이 격하되고, 목회자의 삶부터 강단에서 전파되는 메시지까지 전부 격하되는 것은 놀라운 일이 아니다.

"하나님이 진심으로 그렇게 말씀하신 것이 아니다. 그분은 말씀하신 대로 행하지 않으신다."라고 메시지를 전하면서도 왜 우리 가운데 죄악이 만연하고 하나님을 경외하는 마음이 사라졌는지에 대해서는 몹시 궁금해한다. 이런 우리의 현실을 생각하면 죄인들이 설교를 듣고 죄를 깨닫지 못하는 것은 놀랄 일이 아니다. 교회들의 신앙이 미적지근한 것도 이상한 일이 아니다. 그리스도인들이 과부와 고아, 죄수들, 병자들에게 무관심한 것도 당연한 일이다.

지난 20년 동안 우리들에게 강단과 방송을 통해 전해진 하나님의 메시지는 하나님을 '하늘에서 선물을 주시는 아빠'로만 보이게 했다. 우리가 원하는 게 무엇이든 그 즉시 주고 싶어하시는 분으로만 묘사하였다. 하나님에 대해 제대로 된 메시지를 들으면 우리는 이기적인 동기로 잠시 순종하기는 한다. 그러나 너무도 쉽게 하나님에게서 돌아선다. 하나님의 권위에 대한 존경심도 없어지고 자신들의 고통 때문에 하나님께 쉽게 화를 낸다.

우리가 하나님의 영광에 동참하기 위해 어떻게 하나님을 향한 경외심을 회복할 수 있을까? 불순종과 반항이 정상적인 것으로 간주되는 오늘날의 환경 속에서 어떻게 하면 그분에 대한 순종이 최우선이 될 수 있을까?

답은 오직 하나님께만 있다. 그분은 친히 백성들의 하나님을 향한 순전한 마음을 회복시켜주시고 그들을 하나님께 돌아오게 하셔서, 합당한 영광과 존귀를 받으실 것이다.

> 그러나 진실로 내가 살아 있는 것과 여호와의 영광이 온 세계에 충만할 것을 두고 맹세하노니 민 14:21

여호와 나의 하나님이여 주께서 행하신 기적이 많고

우리를 향하신 주의 생각도 많아 누구도 주와 견줄 수가 없나이다

내가 널리 알려 말하고자 하나 너무 많아 그 수를 셀 수도 없나이다

_시 40:5

3
하나님을 찬양하는 우주의 노래

Walking with God

> 하나님의 위대하심을 이해하면 할수록
> 하나님을 향한 경외심도 커진다.

우리는 하나님께 합당한 경의를 표하기 위해 그 영광의 위대함을 알기 위해 애써야 한다. "원하건대 주의 영광을 내게 보이소서"출 33:18. 모세의 담대한 탄원은 진정한 마음의 외침이었다.

하나님의 위대하심(비록 우리는 온전히 이해할 수 없지만)에 대한 이해의 폭이 넓어질수록, 하나님에 대한 경외심도 커진다. 시편 기자가 "하나님은 온 땅의 왕이심이라 지혜의 시로 찬송할지어다"시 47:7라고 말한 이유도 여기에 있다. 우리는 하나님의 위대하심을 바라보아야 한다.

시편 기자는 또 이렇게 말한다. "여호와는 위대하시니 크게 찬양할 것이라 그의 위대하심을 측량하지 못하리로다"시 145:3. 이 말씀은 성 아우구스티누스의 임종 순간을 생각나게 한다.

아우구스티누스는 친구들에게 둘러싸여 조용히 숨이 멎고 심장이 멈추었다. 순간 놀라운 평안이 방 안을 가득 채웠다. 그런데 갑자기 죽었던 아우구스티누스가 눈을 번쩍 뜨더니 흥분된 얼굴로 소리쳤다. "난 주님을 보았소! 내가 지금까지 쓴 모든 글들은 지푸라기에 불과하오." 그리고 영원한 집, 주님 곁으로 다시 떠났다.

아우구스티누스는 당대의 위대한 지도자였다. 그는 하나님의 놀라운 기적들을 글을 통해 설명했고, 그의 글은 1000년이 넘도록 많은 사람들에게 인용되어왔다(훌륭한 작품 중 하나가 《신의 도성》이다). 그럼에도 불구하고 그 글로도 하나님의 위대하심을 설명하기에는 턱없이 부족했던 것이다.

천사들이 외치는 찬양의 소리

이사야는 측량할 수 없는 하나님의 영광, 높고 높은 보좌에 앉으신 하나님과 성전에 가득한 그분의 영광을 보았다. 하나님 주변에는 수많은 스랍 천사들이 있었는데, 하나님의 크신 영광 때문에 얼굴을 가린 채 이렇게 외쳤다.

> 거룩하다 거룩하다 거룩하다 만군의 여호와여 그의 영광이 온 땅에 충만하도다 사 6:3

우리도 교회에서 이와 같은 찬양을 부른다. 그러나 우리는 열정 없이 찬양을 할 때가 많다. 찬양을 부르면서 하품을 하거나 주위를 둘러보거나 때로는 잡담도 한다. 하나님의 성전과는 얼마나 다른 모습인가!

천사들은 지루해하거나 들떠 있지 않았다. 그들은 단순히 좋아하는 노래를 부르는 것이 아니었다. "하나님, 전 수백만 년 동안 주님의 보좌 앞에서 이 노래를 불러왔습니다. 다른 천사와 교대해주실 생각은 없으신가요? 전 하늘나라의 다른 곳을 경험해보고 싶습니다."라고 부탁하지 않는다. 그들은 하나님의 보좌 앞에서 정성을 다해 큰 소리로 찬양하는 것 외에 다른 것을 바라지 않는다.

이 눈부신 천사들의 찬양은 자기들이 직접 본 것에 대한 반응이었다. 매순간 베일로 가려진 눈을 통해 희미하게나마 하나님의 영광과 위대한 특성들을 보고 그 영광에 사로잡혀 외쳤다. '거룩하다, 거룩하다, 거룩하다!'

그들의 외치는 소리가 너무나 커서 문지방의 터가 흔들리고 성전 전체가 연기로 가득하였다. 천사들은 헤아릴 수 없을 만큼 긴 세월 동안 하나님의 보좌 주변에 있었고 끊임없이 하나님의 능력과 지혜의 계시를 경험하고 있었다. 그러나 그들은 찬양을 멈출 수 없었다. 하나님의 위대하심이 얼마나 큰지 실로 측량할 수 없었던 것이다.

우주를 재시는 하나님의 손가락

앞 장에서 하나님의 영광을 우리의 관념으로, 세상의 편의에 길들여진 우리의 상식 수준으로 격하시키는 어리석음에 대해 이야기했다. 이런 모습은 교회에서 놀라울 만큼 분명히 나타난다. 하지만 여기서는 하나님의 피조물에 담긴 그분의 영광을 조금이나마 살펴보려 한다. 그 영광을 알아갈 때 하나님을 진정으로 경외하는 마음을 가질 수 있기 때문이다.

> 여호와여 주께서 지으신 모든 것들이 주께 감사하며… 그들이 주의 나라의 영광을 말하며 주의 업적을 일러서시 145:10-11

나에게는 아들이 네 명 있다. 아이들은 어릴 때 여느 아이들과 마찬가지로 프로 농구선수에게 깊이 빠져 있었다. NBA 결승전이 한창일 무렵에는 선수들의 이름이 신문과, 우리 아들들, 그리고 아이들의 친구들의 입에서 계속 오르내리곤 했다.

당시 나는 대서양 연안에서 사역을 하고 있을 때였다. 해변에서 아이들이 신나게 파도를 타고 뛰놀다가 집으로 막 돌아왔는데, 나는 아이들과 이야기가 하고 싶었다. 내가 창밖을 가리키며 물었다. "얘들아, 저 바다는 정말 거대하지 않니?"

아이들은 일제히 대답했다. "네, 아빠."

"우리가 눈으로 볼 수 있는 건 몇 킬로미터밖에 안 되지만, 바다의 넓이는 수천 킬로미터나 된단다. 그리고 이 대서양이라는 바다는 가장 큰 바다도 아니야. 태평양이라고 하는 더 큰 바다가 있어. 그 외에도 두 개가 더 있단다."

아이들은 창밖에서 들려오는 거센 파도소리에 귀를 기울이며 놀란 표정으로 말없이 고개만 끄덕였다. 내가 묘사한 어마어마한 바다의 크기를 아이들이 어느 정도 이해한 것 같아 또다시 물었다. "얘들아, 너희가 보는 바다와 아빠가 지금 이야기한 모든 바닷물의 무게를 하나님이 손바닥으로 담을 수 있다는 것을 알고 있니?" 사 40:12 참조

아이들의 얼굴에 놀라움이 가득차 올랐다. 공을 한 손으로 다루는 농구선수의 모습에 감명을 받은 아이들이었다.

하나님이 손바닥으로 바닷물을 담는 것을 상상한 아이들은 이제는 농구선수들이 농구공을 한 손으로 잡는 것쯤은 아무것도 아닌 듯했다.

"또 하나님의 위대하심에 대해 성경에서는 뭐라고 말하는지 아니?" 내가 물었다.

"뭐라고 말하는데요, 아빠?"

"하나님이 하늘을 한 뼘으로 잴 수 있다고 말한단다. 그리고 하나님께서는 엄지손가락 끝에서 새끼손가락 끝까지의 거리로 우주를 재실 수 있단다!"

하나님을 찬양하는 우주의 세계

온 우주가 하나님의 영광을 선포한다. 다윗이 영감을 받아 기록한 말씀에 하나님과 우주의 관계가 나타나 있다.

> 하늘이 하나님의 영광을 선포하고 궁창이 그의 손으로 하신 일을 나타내는도다 날은 날에게 말하고 밤은 밤에게 지식을 전하니 언어도 없고 말씀도 없으며 들리는 소리도 없으나 그의 소리가 온 땅에 통하고 그의 말씀이 세상 끝까지 이르도다 하나님이 해를 위하여 하늘에 장막을 베푸셨도다 시 19:1-4

끝없는 우주의 광활함을 깊이 생각해보면 하나님의 무한한 영광을 어렴풋하게나마 알게 될 것이다! 다윗의 말처럼 '우주가 하나님의 영광을 선포한다!' 하나님은 우리가 알지 못하는 미지의 우주까지 창조하셨다. 하나님이 손가락으로 하늘의 별들을 배열하셨고 시 8:3, 우리는 그 우주의 광대함을 헤아리기 어렵다.

지구에서 가장 가까이 있는 별도 4.3광년(1광년은 빛이 초속 30만 킬로미터로 1년 동안 가는 거리다-역주)이나 떨어져 있다고 한다. 달은 지구에서 약 38만 4,400킬로미터 정도 거리에서 공전한다. 태양은 지구에서 무려 1억 5,000만 킬로미터 정도 떨어져 있다. 점보제트기를 타고 간다 해도 21년 이상 걸린다고 한다.

별들은 100광년에서 1,000광년 정도 떨어진 곳에 있다. 그중에 한 별을 택해 비행기로 간다면 얼마나 걸릴지 계산할 엄두가 나지 않는다. 하지만 초속 30만 킬로미터로 움직이는 빛은 약 4000년이 걸린다. 즉 지금 하늘에서 반짝이는 별들은 모세가 홍해를 가르기 전에 나타나 중간에 쉬거나 속도를 늦추는 일 없이 대략 시속 10억 8,000만 킬로미터로 와서 지구에 이른 것이다!

과학자들은 수십억 개의 은하계가 존재하며, 각각의 은하계 안에 수십억 개의 별들이 있는 것을 밝혀냈다. 이 은하계 집단을 횡단하는 거리가 약 6억 5,000만 광년으로 추정되고 있다.

그렇지만 우리의 머리로는 이 어마어마한 거리를 생각할 수 없다. 우리가 생각할 수 있는 한계를 이미 넘어섰기 때문이다. 그런데 하나님은 이 모든 것을 한 뼘으로 재실 수 있다! 마지막으로 시편 기자는 이렇게 말한다.

> 그가 별들의 수효를 세시고 그것들을 다 이름대로 부르시는도다
> 우리 주는 위대하시며 능력이 많으시며 그의 지혜가 무궁하시도다
> 시 147:4-5

하나님은 무수한 별들을 세실 수 있고 각 별들의 이름까지 아신다! 그러니 시편 기자의 '그의 지혜가 무궁하시도다' 라는 고백이 우리의 고백이 될 수 있는 것이다.

솔로몬은 하나님의 영광을 "하나님이 참으로 땅에 거하시리이까 하늘과 하늘들의 하늘이라도 주를 용납하지 못하겠거든"왕상 8:27이라고 찬양했다. 하나님의 영광이 얼마나 큰지 상상할 수 있는가?

피조물을 감싼 하나님의 지혜

여호와께서 그의 권능으로 땅을 지으셨고 그의 지혜로 세계를 세우셨고…렘 10:12

피조물에는 하나님의 큰 영광과 능력뿐만 아니라 그분의 크신 지혜와 지식도 나타난다. 사람들은 신비에 싸인 자연계의 현상을 연구하는데 오랜 세월 동안 어마어마한 돈을 썼다. 그러나 하나님의 설계와 건축재료들은 여전히 밝혀지지 않은 채로 남아 있다.

하나님이 만드신 모든 피조물에는 세포가 있다. 세포는 모든 생명체의 건축재료라고 할 수 있다. 신비 그 자체인 인간의 몸만 해도 약 100조 개의 세포가 있다(이 숫자가 이해되는가). 세포의 종류도 각양각색이며 그 세포들은 각각 독특한 임무를 수행하고 있다. 살아 역사하는 하나님의 지혜가 참으로 놀랍다. 세포들은 자라고 번식하며 결국 죽는데, 모든 과정이 정해진 질서를 따라 진행된다.

눈으로 볼 수는 없지만, 세포는 인간에게 알려진 가장 작은 입자가 아니다. 세포는 분자로 구성되고, 분자는 그보다 더 작은 원자들로 구성되어 있다. 원자 안에는 더 작은 원소들이 있다.

원소가 얼마만큼 작은지, 마침표 안에 10억 개 이상의 원소를 담을 수 있다고 한다. 미세한 원소지만 그 안은 대부분 텅 비어 있고, 나머지 공간은 양성자, 중성자, 전자로 구성되어 있다. 양성자와 중성자는 원소 중앙에 있는 아주 작고 밀집한 핵을 이룬다. 전자라고 하는 작은 에너지 집단은 이 핵 주변을 빛의 속도로 돈다. 이것들이 만물을 결합시키는 핵심 건축재료들이다.

그러면 원소는 어디에서 에너지를 얻을까? 강력한 입자들을 결합시키는 힘은 무엇일까? 과학자들은 그것을 '원자력'이라고 부른다. 원자력은 설명할 수 없는 것을 묘사하는 과학용어에 불과하다. 하나님은 "그의 능력의 말씀으로 만물을 붙드시며"히 1:3라고 말씀하셨다. 골로새서 1장 17절에서는 이렇게 증거한다. "만물이 그 안에 함께 섰느니라."

하나님은 우주도 담을 수 없는 영광스러운 조물주이시다. 하나님은 한 뼘으로 우주를 측정하시는 분이지만, 작은 지구와 피조물들을 얼마나 세밀하게 설계하셨는지 현대 과학자들이 연구를 거듭해도 답을 얻지 못했다. 이제 "내가 주께 감사하오옴은 나를 지으심이 심히 기묘하심이라"시 139:14는 시편 기자 고백이 좀더 분명히 이해될 것이다. 지금까지의 우리가 아는 과학지식을 생각해볼 때, "어리석은 자는 그의 마음에 이르기를 하나님이 없다 하는도다"시 14:1라는 말씀의 의미를 깨달을 수 있을 것이다.

하나님의 창조의 신비와 지혜에 대해 글로 쓴다면 여러 권의 책으로도 부족하다. 이 책에서는 단지 하나님의 손으로 만드신 것들이 얼마나 놀랍고 신비한지에 대해서만 일깨워주고자 한다. 피조물에 숨겨진 하나님의 영광을 발견하고 피조물이 하나님의 크신 영광을 선포할 때 우리도 같이 선포하기를 바란다.

주의 손가락으로 그려진 세상

나는 이 모든 것을 아이들이 이해할 수 있는 말로 설명한 후 마지막으로 물었다. "그런데 너희는 고작 농구장에서 높이 점프해 공기로 가득한 공을 작은 골대에 넣는 선수들을 보고 감동하니? 농구선수가 가진 것 중에 하나님이 주지 않으신 것이 있을까?" 아이들이 대답했다. "아니오, 아무것도 없어요!"

그후로 농구선수를 보는 아이들의 시각은 영웅숭배에서 건전한 존경심으로 바뀌었다.

이제 여러분들은 하나님이 욥에게 하신 말씀의 진정한 의미를 조금 더 이해할 수 있을 것이다. "누가 먼저 내게 주고 나로 하여금 갚게 하겠느냐 온 천하에 있는 것이 다 내 것이니라"욥 41:11.

> 주의 손가락으로 만드신 주의 하늘과 주께서 베풀어 두신 달과 별들을 내가 보오니 사람이 무엇이기에 주께서 그를 생각하시며 인자가 무엇이기에 주께서 그를 돌보시나이까 시 8:3-4

증명할 수는 없지만, 시편 8편은 하나님의 보좌를 둘러싼 강한 스랍 천사들 중 하나가 피조물을 보고 한 말을 기록한 것이라 믿는다. 잠시 이 구절을 묵상하며 천사의 눈을 가져보자. 우주를 창조하시고 손가락으로 별들을 달아놓으신 위대하신 하나님이 지금 지구라는 작은 행성에 오셔서 작은 티끌로 사람의 몸을 만드신다. 그런데 천사가 정말 놀란 것은, 하나님의 모든 관심이 오로지 사람에게 쏠려 있다는 것이다. 시편 기자는 우리를 향한 주님의 생각이 너무나 보배롭고 그 수가 어찌 그리 많은지, 세려고 해도 땅의 모래보다 더 많다고 찬탄했다 시 139:17-18. 이것을 천사가 이렇게 외쳤으리라 믿는다. "대체 사람이 무엇이기에 주께서 그렇게 관심을 가지시며 애정을 쏟아 부으시는 겁니까? 그 작은 것이 무엇이기에 주께서 계속 마음에 두시며 모든 계획의 초점을 그들에게 맞추시는 것입니까?"

가만히 주님의 손으로 하신 일들을 묵상해보자. 그러면 피조물이 당신에게 말을 할 것이다. 그리고 하나님의 영광을 선포할 것이다!

어두운 데에 빛이 비치라 말씀하셨던
그 하나님께서 예수 그리스도의
얼굴에 있는 하나님의 영광을 아는 빛을
우리 마음에 비추셨느니라

_고후 4:6

4

경외심을 갖는 방법

Walking with God

> 하나님의 영광이 임하기 전에
> 먼저 하나님의 질서가 형성되어야 한다.

이제 우리는 성경 전체에서 나타나는 중요한 패턴을 확인할 것이다. 그것은 오늘날 제기되는 문제들을 뒷받침해주는 증거가 될 것이다.

    캐나다 서스캐처원에서 열리는 집회에서 나는 이 패턴을 알게 되었다. 집회 첫날밤에 생긴 일이었다. 사회자가 나를 소개하고 있었고 나는 곧 강단으로 나갈 참이었다. 그런데 갑자기 하나님이 나를 이끌어 급하게 성경을 보여주셨다. 나는 성령님으로 말미암아 신구약성경 전체에 나타나는 한 가지 패턴을 깨닫게 되었다.

1. 거룩한 질서
2. 하나님의 영광
3. 심판

이 패턴의 뜻은 하나님의 영광이 나타나기 전에 거룩한 질서가 확립되어야 한다는 것이다. 우리에게 하나님의 영광이 나타나면 큰 축복이 임한다. 하나님의 영광으로 인해 무질서하고 불순종하는 자들은 그 자리에서 즉시 심판을 받는다. 하나님은 2분도 안 되는 짧은 시간에 내 눈을 열어주셔서 이 패턴을 보게 하셨다. 그리고 진리에 갈급한 캐나다인들에게 설교하라고 일러주셨다. 나는 그날의 진리를 여기서 함께 나누려고 한다.

우리는 하나님을 제대로 알기 위해서 창조의 시작으로 가야 한다. 그래야 흔들리지 않는 믿음 위에서 하나님을 이해할 수 있다. 하나님이 하늘과 땅을 창조하셨기 때문이다.

땅이 혼돈하고 공허하며 흑암이 깊음 위에 있고 하나님의 영은 수면 위에 운행하시니라 창 1:2

'하나님의 영이 이 혼돈 위에 운행하셨다.' 하나님의 말씀이 선포되기 전까지는 아무 일도 일어나지 않았다. 하나님의 말씀이 선포되면서 거룩한 질서가 작동하기 시작한 것이다. 하나님은 엿새 동안 땅을 준비하시고 거룩한 질서를 확립하신 후 자신의 영광을 그 속에 불어넣으셨다. 그리고 마지막에 사람을 만드셨다. 사람이 창조의 초점이었기 때문에 사람이 살 수 있는 모든 환경을 만드신 후 아담을 지으신 것이다.

생기를 그 코에 불어넣으시니 사람이 생령이 되었다 창 2:7

하나님은 말 그대로 인간의 몸에 그분의 영을 불어넣으셨다. 하나님의 형상대로 남자가 창조되었고, 남자에게서 취한 뼈로 여자가 만들어졌다. 둘 다 실오라기 하나 걸치지 않았다. "아담과 그의 아내 두 사람이 벌거벗었으나 부끄러워하지 아니하니라"25절. 다른 피조물들은 털이나 비늘, 껍질이 있었지만 인간은 그런 게 필요하지 않았다. 시편 기자는 하나님이 "영화와 존귀로 관을 씌우셨다"고 말했다 시 8:5. 하나님의 영광에 둘러싸이자 옷은 필요치 않았다. 아담과 하와가 경험한 축복은 말로 표현할 수 없는 것이었다. 동산은 경작하지 않아도 열매를 맺었고 동물들과도 평화롭게 지냈다. 고통과 질병, 가난도 없었다. 이들은 무엇보다도 하나님의 영광 속에서 하나님과 동행하는 특권을 누렸다.

하나님이 말씀과 영으로 거룩한 질서를 세우셨고, 그 다음에 그분의 영광이 나타났다. 하나님은 풍성한 축복과 함께 하나의 명령을 주셨다. 하나님께 불순종하면 즉시 영적으로 죽기 때문에 '선악을 알게 하는 나무의 열매를 먹지 말라'고 명령하셨다. 그런데 사탄이 거짓된 말씀으로 그들에게 다가갔다. "너희가 결코 죽지 아니하리라 너희가 그것을 먹는 날에는 너희 눈이 밝아져 하나님과 같이 되어 선악을 알 줄 하나님이 아심이니라"창 3:4-5.

그때 아담은 자신이 무슨 짓을 하는지 알면서도 하나님께 불순종하는 길을 택했다. 그의 행동은 그야말로 엄청난 반역이었다. 바로 심판이 뒤따랐다. 열매를 먹은 아담과 하와는 '자신들이 벌거벗었다'는 것을 곧바로 알아차렸다. 하나님의 영광이 떠나자 하나님과 분리되어 벌거벗은 채 남겨진 것이다. 그들은 영적으로 죽은 것이다. 아담과 하와는 벗은 몸을 급한대로 나뭇잎과 덩굴로 가렸다. 수치심과 부끄러움이 그들의 마음을 뒤덮었다.

하나님은 심판을 선고하셨다. 그리고 에덴동산에서 내쫓기 전에 가죽옷을 지어 입히셨다. 대부분의 학자들이 그 가죽옷이 양가죽일 것이라고 예상하는데 이는 장차 오셔서 인간과 하나님과의 관계를 회복시켜주실 하나님의 어린양을 예표하기 때문이다. 결국, 타락한 그들은 영생이 있는 동산에서 쫓겨났다. 심판은 엄격했고, 하나님의 영광의 임재 속에서 불순종한 결과였다.

거룩한 질서의 시작, 성막

몇 백 년이 흐른 후, 하나님이 아브람과 친구가 되셨다. 하나님은 아브람과 언약을 맺으시고 그의 이름을 아브라함으로 바꾸어주셨다. 하나님께서는 아브라함의 순종을 통해 앞으로 올 세대에게 다시 한 번 하나님의 약속을 허락하셨다. 아브라함의 후손들은 애굽에서 400년이 넘게 종살이를 하였고, 하나님은 그들에게 선지자

이자 인도자로 모세를 세워주셨다.

하나님은 아브라함의 후손들을 종살이에서 해방시키시고 광야로 인도하셨다. 황량한 시내산에서 이스라엘 백성들과 함께 거하시려는 계획의 밑그림을 보여주셨다. 하나님께서는 모세에게 말씀하셨다. "그들은 내가 그들의 하나님 여호와로서 그들 중에 거하려고 그들을 애굽 땅에서 인도하여낸 줄을 알리라"출 29:46.

하나님은 다시 한 번 인간과 함께 거니실 것이다. 그것은 인간의 타락 후에 항상 마음에 두고 계셨던 하나님의 소원이었다. 하나님은 인간 안에 거하실 수 없었다. 그래서 모세에게 지시하셨다. "내가 그들 중에 거할 성소를 그들이 나를 위하여 짓게 하라"출 25:8. 이 성소를 성막이라고 불렀다.

하나님의 영광이 임하기 전에는 항상 하나님의 질서가 세워져야 한다. 따라서 하나님은 모세에게 성막 짓는 법을 세심하게 알려주셨다. 누가 지어야 하는지, 누가 그 안에서 섬겨야 하는지, 모든 사항을 꼼꼼하게 알려주셨다. 성막의 재료, 크기, 비품, 제물까지도 상세히 지시하셨다. 이렇게 만든 성소는 하늘의 성소를 반영한다히 9:23-24. 하나님은 모세에게 경고하셨다. "삼가 모든 것을 산에서 네게 보이던 본을 따라 지으라"히 8:5; 출 25:40.

하나님의 말씀을 정확히 따르는 것은 매우 중요했다. 하나님의 영광이 임하기 전에 거룩한 질서를 세워야 했다. 거룩한 질서는 하나님의 영광을 위해 반드시 필요한 작업이었다. 회중이 바친

헌물로 필요한 재료들이(금, 은, 청동, 청색실, 자색실, 홍색실, 세마포, 가죽, 모피, 아카시아나무, 기름, 향료, 보석 등) 모두 공급되었다.

하나님이 모세에게 말씀하셨다. "내가 유다 지파 훌의 손자요 우리의 아들인 브살렐을 지명하여 부르고 하나님의 영을 그에게 충만하게 하여 지혜와 총명과 지식과 여러 가지 재주로… 만들게 하리라 내가 또 단 지파 아히사막의 아들 오홀리압을 세워 그와 함께 하게 하며 지혜로운 마음이 있는 모든 자에게 내가 지혜를 주어 그들이 내가 네게 명령한 것을 다 만들게 할지니"출 31:2-3, 5-6. 하나님이 하나님의 영을 그들에게 보내주셔서 다시 한 번 거룩한 질서를 세우실 것이다. 드디어 모든 기술자들이 성막을 짓기 시작했다. 그들은 휘장, 칸막이, 기둥, 증거궤 등을 만들었다. 제사장의 옷과 관유도 만들었다.

> 여호와께서 모세에게 명령하신 대로 이스라엘 자손이 모든 역사를 마치매 모세가 그 마친 모든 것을 본즉 여호와께서 명령하신 대로 되었으므로 모세가 그들에게 축복하였더라 여호와께서 모세에게 말씀하여 이르시되 너는 첫째 달 초하루에 성막 곧 회막을 세우고 출 39:42-40:2

하나님의 지시는 매우 구체적이어서 성막은 정해진 날짜에 세워져야 했다. 첫째달 초하루에 모세와 기술공들이 성막을 세웠다.

'모세가 이같이 역사를 마치니' 출 40:33. 모든 것이 준비되었다. 하나님의 말씀으로 거룩한 질서가 세워졌고, 백성들은 성령님의 인도를 따랐다. 이제 어떤 변화가 일어날까?

> 구름이 회막에 덮이고 여호와의 영광이 성막에 충만하매 모세가 회막에 들어갈 수 없었으니 이는 구름이 회막 위에 덮이고 여호와의 영광이 성막에 충만함이었으며 출 40:34-35

하나님의 질서가 세워지자 하나님께서 그분의 영광을 드러내셨다. 오늘날 대부분의 성도들은 하나님의 영광에 대한 이해가 부족하다. 나는 여러 집회에서 사역자들이 "하나님의 영광이 이곳에 있습니다!"라고 선포하는 것을 들었다. 그들은 하나님의 영광이 무엇인지 정확하게 알고 이야기한 것일까. 우리는 하나님의 영광에 대해서 알아야 할 필요가 있다.

더 밝은 빛, 하나님의 영광

우선 하나님의 영광은 구름이 아니다. 하나님께서는 구름 속에 자신을 숨기신다. 하나님은 너무나 밝고 위대하셔서 인간의 눈으로 볼 수가 없다. 만일 구름이 하나님의 얼굴을 가려주지 않으면 사람들은 그 자리에서 모두 죽고 말 것이다.

> 모세가 이르되 원하건대 주의 영광을 내게 보이소서… 이르시되 네가 내 얼굴을 보지 못하리니 나를 보고 살 자가 없음이니라 출 33:18, 20

인간의 육신은 영광 가운데 계신 거룩한 주님 앞에 감히 설 수 없다. 바울은 이렇게 표현했다.

> 하나님은 복되시고 유일하신 주권자이시며 만왕의 왕이시며 만주의 주시요 오직 그에게만 죽지 아니함이 있고 가까이 가지 못할 빛에 거하시고 어떤 사람도 보지 못하였고 또 볼 수 없는 이시니 그에게 존귀와 영원한 권능을 돌릴지어다 아멘 딤전 6:15-16

하나님은 히브리서 12장 29절에서 "소멸하는 불"로 표현되어 있다. 소멸하는 불은 벽난로 같은 한정된 곳에 담을 수 없다. "하나님은 빛이시라 그에게는 어둠이 조금도 없으시다" 요일 1:5. 벽난로 속의 불은 완벽한 빛을 발하지 못한다. 어둠은 여전히 존재하고, 심지어 불 속을 들여다볼 수도 있다. 그렇다면 좀더 강렬한 빛을 생각해보자. 레이저빔은 어떨까? 매우 집중적이고 강렬한 빛이지만 역시 완벽하지 않다. 밝고 강력하지만 레이저 빛 안에도 어둠은 있다. 그렇다면 태양은 어떨까? 태양은 거대하고 접근하기 어렵고 밝고 강력하지만 그 안에도 역시 어둠은 존재한다.

바울은 디모데에게 하나님의 영광은 "우리가 가까이 가지 못할 빛이며, 어떤 사람도 보지 못하고 볼 수도 없다."고 말했다. 바울은 다메섹 도상에서 이 빛을 경험했기 때문에 이런 말을 할 수 있었다. 그는 아그립바 왕에게도 이와 같이 말했다.

> 왕이여 정오가 되어 길에서 보니 하늘로부터 해보다 더 밝은 빛이 나와 내 동행들을 둘러 비추는지라 행 26:13

바울은 이 빛이 정오의 해보다 더 밝다고 말했다. 한낮의 해뿐만 아니라 구름이 가려주지 않으면 우리는 태양을 똑바로 쳐다보지 못한다. 그러나 영광 가운데 계신 하나님은 이 빛보다 훨씬 더 밝으시다. 바울은 하나님의 얼굴을 보지 못했다. 단지 하나님으로부터 나오는 빛을 보았을 뿐이다. 그는 하나님의 형체나 얼굴을 보지 못했지만, 하나님의 영광으로부터 나오는 빛, 중동 지방의 강렬한 햇빛까지도 압도했던 그 빛 때문에 눈이 멀었다.

아마 이것이 선지자 요엘과 이사야가 마지막 날에 하나님의 영광이 나타나면 태양이 어둠으로 변할 것이라고 말한 이유일 것이다.

> 보라 여호와의… 날이 이르러 땅을 황폐하게 하며 그 중에서 죄인

들을 멸하리니 하늘의 별들과 별 무리가 그 빛을 내지 아니하며 해가 돋아도 어두우며 달이 그 빛을 비추지 아니할 것이로다 사 13:9-10

하나님의 영광이 다른 빛을 모두 압도할 것이다. 그분은 완전하시며 소멸하는 불이시다.

사람들이 암혈과 토굴로 들어가서 여호와께서 땅을 진동시키려고 일어나실 때에 그의 위엄과 그 광대하심의 영광을 피할 것이라 사 2:19

하나님의 영광이 너무도 압도적이어서 하나님이 시내산에서 어두운 구름 가운데 나타나셨을 때 이스라엘 백성들은 두려움에 소리치며 뒤로 물러났다. 비록 그들이 짙은 구름 속에 가려진 하나님을 보았지만, 하나님의 영광의 빛은 숨길 수 없었다.

그럼 '하나님의 영광은 무엇일까?' 해답을 얻기 위해 모세가 시내산에서 하나님께 부탁한 것을 살펴보자.

주의 영광을 내게 보이소서 출 33:18

모세가 말한 '영광'에 해당하는 히브리어는 'kabowd'다. 스트롱 성구사전에는 '비유적으로 말할 때만 좋은 의미로 어떤 것의 무게'라고 정의되어 있다. '광채, 풍성함, 명예'를 말하는 것이다. 따라서 모세는 하나님께 "주의 모든 광채를 제게 보이소서!"라고 말했고, 하나님은 이에 대해 응답해주셨다.

> 내가 내 모든 선한 것을 네 앞으로 지나가게 하고 여호와의 이름을 네 앞에 선포하리라 출 33:19

모세는 하나님의 모든 영광을 보여달라고 간구했는데, 하나님은 '내 모든 선한 것'이라고 말씀하셨다. '선한 것'에 해당하는 히브리어는 'tuwb'로, '가장 넓은 의미에서 선한 것'을 의미한다. 즉 아무것도 억제되지 않은 것을 말한다.

그리고 하나님은 이렇게 말씀하셨다. '여호와의 이름을 네 앞에 선포하리라.' 왕은 왕실로 들어가기 전에 항상 자신의 이름을 큰 소리로 널리 외치게 했다. 모든 사람이 왕의 위대함을 알았고, 어느 누구도 누가 왕인지 헷갈려 하지 않았다.

그런데 왕이 평범한 옷을 입고 거리로 나가면 사람들이 알아보지 못할지도 모른다. 하나님이 모세에게 하신 일도 본질상 이와 같은 일이었다. 그래서 "내가 내 이름을 선포하고 화려한 광채를 발하며 네 앞을 지나가겠다."라고 말씀하신 것이다.

하나님을 하나님 되게 하는 것이 바로 하나님의 영광이다. 하나님의 특성, 권위, 능력, 지혜, 그야말로 측량할 수 없는 가치와 위대함이 하나님의 영광 속에 포함되어 있다. 감추어진 것은 하나도 없다.

성경은 예수 그리스도의 얼굴에서 하나님의 영광이 드러난다고 했다 고후 4:6. 많은 사람들이 예수님의 환상을 보았고 그분의 얼굴을 보았다고 주장했다. 하지만 바울은 이렇게 묘사했다. "우리가 지금은 거울로 보는 것같이 희미하나 그때에는 얼굴과 얼굴을 대하여 볼 것이요"고전 13:12. 지금 하나님의 영광은 흐릿한 거울에 가려져 있어 아무도 완전한 하나님의 영광을 볼 수 없다.

"그렇지만 제자들은 예수님이 부활하신 후에 그분의 얼굴을 보지 않았습니까!"라고 말하는 사람도 있다. 그러나 그때 주님은 숨김없이 그분의 영광을 드러내시지 않았다.

구약성경에도 하나님을 본 사람들이 나오지만, 하나님이 영광 속에서 나타나신 것은 아니었다. 하나님은 마므레의 상수리나무들이 있는 곳에서 아브라함에게 나타나셨다 창 18:1-2. 여호수아는 여리고를 무너뜨리기 전에 하나님의 얼굴을 보았다 수 5:13-14. 다만 하나님은 "네 발에서 신을 벗으라 네가 선 곳은 거룩하니라"15절고 말씀하셨다.

예수님의 부활 후에도 같은 일이 있었다. 제자들은 디베랴 바닷가에서 예수님과 함께 아침식사로 생선을 먹었다 요 21:9-10. 두 제자는 엠마오로 가는 길에 예수님과 동행했지만 "그들의 눈이 가리어져서 그인 줄 알아보지 못했다"눅 24:16. 이들이 주님의 얼굴을 볼 수 있었던 것은 주님이 영광을 숨기셨기 때문이다. 반대로 사도 요한은 다른 이들과는 완전히 다른 만남을 경험했다. 성령에 감동되어 영광 중에 계신 주님을 보았던 것이다.

> 주의 날에 내가 성령에 감동되어 내 뒤에서 나는 나팔 소리 같은 큰 음성을 들으니… 몸을 돌이켜 나에게 말한 음성을 알아보려고 돌이킬 때에 일곱 금 촛대를 보았는데 촛대 사이에 인자 같은 이가 발에 끌리는 옷을 입고 가슴에 금띠를 띠고 그의 머리와 털의 희기가 흰 양털 같고 눈 같으며 그의 눈은 불꽃같고 그의 발은 풀무불에 단련한 빛난 주석 같고 그의 음성은 많은 물소리와 같으며 그의 오른손에 일곱 별이 있고 그의 입에서 좌우에 날선 검이 나오고 그 얼굴은 해가 힘있게 비치는 것 같더라 내가 볼 때에 그의 발 앞에 엎드러져 죽은 자같이 되매 계 1:10, 12-17

요한은 '주님의 얼굴이 해가 힘 있게 비치는 것 같다'고 고백했다.

그렇다면 요한은 어떻게 주님을 볼 수 있었을까? 그것은 바로 요한이 성령 안에 있었기 때문이다. 이사야가 성령 안에서 주님의 보좌와 스랍들과 보좌에 앉으신 주님을 보았던 것처럼 말이다 사 6:1-4.

하나님의 영광과 가까워질 때

하나님은 영광으로 가득한 분이시다. 그분의 영광은 우리가 이해할 수 있는 능력과 범위를 훨씬 넘어서 있다. 위대한 스랍들도 두려움과 놀라움에 사로잡혀 "거룩하다, 거룩하다, 거룩하다!"라고 계속해서 외쳤다. 네 생물은 "밤낮 쉬지 않고 이르기를 거룩하다 거룩하다 거룩하다"라고 경배했다 창 4:8

> 그 생물들이 보좌에 앉으사 세세토록 살아 계시는 이에게 영광과 존귀와 감사를 돌릴 때에 이십사 장로들이 보좌에 앉으신 이 앞에 엎드려 세세토록 살아 계시는 이에게 경배하고 자기의 관을 보좌 앞에 드리며 이르되 우리 주 하나님이여 영광과 존귀와 권능을 받으시는 것이 합당하오니 주께서 만물을 지으신지라 만물이 주의 뜻대로 있었고 또 지으심을 받았나이다 하더라 계 4:9-11

모든 생물이 하나님께 영원히 영광을 돌려도 하나님이 마땅히 받으실 영광에는 미치지 못한다! 우리는 우주와 세상을 창조하신 분을 섬기고 있다. 그분은 영원한 세계에서 오셨고 앞으로도 영원하실 것이다! 주님과 같은 사람은 아무도 없다. 주께서 그분의 영광을 드러내지 않으시는 것은, 우리가 사랑과 경의로 주님을 섬기는지, 세상의 영광에 관심을 돌리는지 보시려는 것이다. 하나님의 영광을 보았지만 등을 돌렸던 이스라엘 백성들처럼 무질서를 마음에 품지 말아야 할 것이다. 하나님께 거룩한 질서를 구하고 그 말씀을 그대로 따른다면 하나님이 머물 성막이 우리의 마음에 세워질 것이다.

> 구름이 회막에 덮이고 여호와의 영광이 성막에 충만하매 모세가 회막에 들어갈 수 없었으니 이는 구름이 회막 위에 덮이고 여호와의 영광이 성막에 충만함이었으며 출 40:34-35

하나님의 영광은 큰 축복을 주신다. 이스라엘은 하나님의 영광스러운 임재 안에서 하나님의 섭리와 인도, 치유, 보호를 받았다. 하나님이 주신 말씀의 계시가 충만했고, 어떤 이방 민족도 이스라엘에 맞서지 못했다. 하나님의 영광의 구름은 한낮에는 사막의 뜨거운 열기로부터 이스라엘 백성들을 가려주었고 밤에는 따뜻한 온기와 빛을 주었다. 이스라엘 백성들의 필요가 부족함 없이 채워졌다.

거룩함을 평범함으로 다룬 나답과 아비후

하나님은 모세에게 지시하셨다. "너는 이스라엘 자손 중 네 형 아론과 그의 아들들 곧 아론과 아론의 아들들 나답과 아비후와 엘르

아살과 이다말을 그와 함께 네게로 나아오게 하여 나를 섬기는 제사장 직분을 행하게 하라"출 28:1. 이들은 구별되어 하나님을 섬기고 백성들을 위해 중보하도록 훈련받았다. 그들이 예배에서 해야 할 일은 하나님이 모세에게 주신 지침에 구체적으로 잘 나타나 있다. 그들의 훈련도 주님이 내린 거룩한 질서의 한 부분이었다. 이 말씀을 따라 이들을 훈련시키는 것이 성별하는 것이었다. 모든 질서가 잡히자 그들의 사역이 시작되었다. 성막에서 하나님의 영광이 나타난 후에 제사장 중 두 명이 사역을 시작했다.

> 아론의 아들 나답과 아비후가 각기 향로를 가져다가 여호와께서 명령하시지 아니하신 다른 불을 담아 여호와 앞에 분향하였더니
> 레 10:1

'다른'이라는 단어를 웹스터 사전에서 찾아보면 '신성한 것들에 대해 경멸을 나타내는, 불경한'이라는 뜻이다. 즉 하나님께서 '거룩하다, 신성하다'라고 하신 것을 평범한 것처럼 다루는 것을 의미한다.

나답과 아비후는 예배드리는 용도로 구별된 향로에 자신들이 택한 불을 담아 분향했다. 그들은 불경한 자세로 하나님의 앞에 나아가 하나님께 합당치 않은 제사를 드렸다. 그들은 거룩한 것을 평범한 것처럼 다루었고 그결과 엄청난 일이 벌어졌다.

불이 여호와 앞에서 나와 그들을 삼키매 그들이 여호와 앞에서 죽은지라 레 10:2

두 사람은 불경함 때문에 바로 심판을 받았다. 불경한 일은 하나님의 영광이 나타난 후에 일어났다. 아무리 제사장이라도 하더라도 하나님을 높이고 영화롭게 해야 할 의무는 백성들과 같았다. 그런데 그들은 하나님의 임재에 너무 익숙한 나머지 거룩하신 하나님을 불경스럽게 대했다. 죽음의 심판 직후 모세가 한 말은 의미심장하다.

이는 여호와의 말씀이라 이르시기를 나는 나를 가까이하는 자 중에서 내 거룩함을 나타내겠고 온 백성 앞에서 내 영광을 나타내리라 하셨느니라 레 10:3

하나님은 이미 거룩하신 하나님의 임재 안에서 불경한 자는 살아남을 수 없다는 사실을 분명히 알려주셨다. 하나님은 어느 누구에게도 조롱당하지 않으신다. 하나님은 지금도 여전히 거룩하시다. 우리는 불경한 자세로 하나님 앞에 나아갈 수 없다.

나답과 아비후는 모세의 조카들이었지만 모세는 하나님의 공정하심을 잘 알았기 때문에 심판에 이의를 제기하지 않았다. 오히려 아론과 그의 남은 두 아들들에게 죽지 않으려면 죽은 자들을 애도하지 말라고 경고했다. 그들을 애도하는 것은 하나님을 불명예스럽게 만드는 일이었다. 나답과 아비후의 시체는 진영 밖에서 매장됐다.

거룩한 질서, 하나님의 계시된 영광, 불경함에 대한 심판이 일어나고 있음을 다시 한 번 확인할 수 있다.

온전히 완성된 여호와의 전

거의 500년 후 다윗 왕의 아들 솔로몬이 하나님의 성전을 짓기 시작했다. 참으로 막중한 사업이었다.

다윗 치하에서 모아놓은 건축재료들은 어마어마하게 많았고 특히 귀한 것으로 선별된 것이었다. 다윗은 죽기 전에 솔로몬에게 지시했다.

> 내가 환난 중에 여호와의 성전을 위하여 금 십만 달란트와 은 백만 달란트와 놋과 철을 그 무게를 달 수 없을 만큼 심히 많이 준비하였고 또 재목과 돌을 준비하였으나 너는 더할 것이며 또 장인이 네게 많이 있나니 곧 석수와 목수와 온갖 일에 익숙한 모든 사람이니라 금과 은과 놋과 철이 무수하니 너는 일어나 일하라 여호와께서 너와 함께 계실지로다 대상 22:14-16

솔로몬은 즉위 4년째에 성전건축을 시작했다. 성전건축을 위해 수많은 사람들이 동원되었음에도 불구하고, 재료를 모으고 건축하는 데 꼬박 7년이 걸렸다. 마침내 성전이 완성되었다.

> 솔로몬이 여호와의 전을 위하여 만드는 모든 일을 마친지라 대하 5:1

솔로몬은 이스라엘 백성들을 성전이 세워진 예루살렘으로 모이게 했다. "제사장들이 여호와의 언약궤를 그 처소로 메어 들였으니"대하 5:7. 모든 제사장들이 자신을 거룩하게 하나님께 드렸다. 그들은 먼 친척 나답과 아비후를 기억하여 하나님 앞에서 결코 불경한 태도를 보이지 않았다.

노래하고 악기를 연주하는 레위인들이 세마포를 입고 제단 동쪽에 서 있고, 나팔 부는 제사장 120명이 함께했다. 그들은 엄청난 시간과 준비를 통해 거룩한 질서를 확립하였다. 하나님 앞에 거룩한 질서가 확립된 후, 정결한 모습으로 서 있던 그들에게 무슨 일이 일어났을까?

> 나팔 부는 자와 노래하는 자들이 일제히 소리를 내어 여호와를 찬송하며 감사하는데 나팔 불고 제금 치고 모든 악기를 울리며 소리를 높여 여호와를 찬송하여 이르되 선하시도다 그의 자비하심이 영원히 있도다 하매 그때에 여호와의 전에 구름이 가득한지라 제사장

> 들이 그 구름으로 말미암아 능히 서서 섬기지 못하였으니 이는 여호와의 영광이 하나님의 전에 가득함이었더라 대하 5:13-14

거룩한 질서가 확립되자 하나님의 영광이 나타났다. 하나님의 영광이 성전에 가득해지자 제사장들은 그 영광에 압도되어 감히 서서 섬길 수 없었다.

하나님을 경멸한 자들의 심판
하나님의 영광이 나타난 후, 이스라엘 백성들에게 다시 불경한 태도가 자리잡히기 시작했다. 그들은 하나님의 뜻을 알았지만, 하나님께서 신성하고 거룩하다고 말씀하시는 것을 쉽게 버렸다.

> 모든 제사장들의 우두머리들과 백성도 크게 범죄하여 이방 모든 가증한 일을 따라서 여호와께서 예루살렘에 거룩하게 두신 그의 전을 더럽게 하였으며 그 조상들의 하나님 여호와께서 그의 백성과 그 거하시는 곳을 아끼사 부지런히 그의 사신들을 그 백성에게 보내어 이르셨으나 그의 백성이 하나님의 사신들을 비웃고 그의 말씀을 멸시하며 그의 선지자를 욕하여 대하 36:14-16

이스라엘 백성들은 하나님의 사신을 비웃고 하나님이 주시는 경고의 말씀을 멸시하고 조롱했다. 이스라엘과 유다는 하나님의 거룩한 임재와 경외심과 존경심이 부족했기 때문에 거듭 심판을 받았다. 특히 아브라함의 후손들이 바벨론에 포로로 잡혀갔을 때 그 심판은 절정에 달했다.

> 그의 백성이 하나님의 사신들을 비웃고 그의 말씀을 멸시하며 그의 선지자를 욕하여 여호와의 진노를 그의 백성에게 미치게 하여 회복할 수 없게 하였으므로 하나님이 갈대아 왕의 손에 그들을 다 넘기시매 그가 와서 그들의 성전에서 칼로 청년들을 죽이며 청년 남녀와 노인과 병약한 사람을 긍휼히 여기지 아니하였으며 또 하나님의 전의 대소 그릇들과 여호와의 전의 보물과 왕과 방백들의 보물을 다 바벨론으로 가져가고 또 하나님의 전을 불사르며 예루살렘 성벽을 헐며 그들의 모든 궁실을 불사르며 그들의 모든 귀한 그릇들을 부수고 대하 36:16-19

우리는 역사를 거슬러 올라가 에덴동산, 성막, 성전에서 있었던 일까지 세 가지 이야기를 살펴보았다. 세 가지 경우 모두 심판은 엄중했다. 심판의 결과로 사망과 파멸이 나타났다. 심판은 하나님의 말씀을 들었을 뿐 아니라 주님의 임재와 영광을 경험한 사람들에게 임했다! 오늘날 우리에게도 일어날 수 있는 일임을 기억해야 한다. 이제 구약의 말씀으로 기초를 놓았으니, 신약 시대를 살펴보자. 다시 한 번 놀라운 사실로 하나님을 발견할 것이다.

너희 몸은 너희가 하나님께로부터 받은 바

너희 가운데 계신 성령의 전인 줄을 알지 못하느냐

너희는 너희 자신의 것이 아니라

값으로 산 것이 되었으니 그런즉

너희 몸으로 하나님께 영광을 돌리라

_고전 6:19-20

5

회복된 마음의 성전

Walking with God

> 예수님은 그분을 따르려면 먼저
> 대가를 헤아려보아야 한다고 분명히 말씀하신다.
> 그 대가는 바로 우리의 삶이다.

옛 언약 아래서 하나님의 영광스러운 임재는 성막에, 다음에는 솔로몬의 성전에 나타났다. 이제 하나님께서는 항상 소원하시던 처소로 들어갈 준비를 하신다. 돌로 만든 성전이 아니라, 그분의 자녀들 마음속에 세워진 성전으로 말이다.

마음을 다지는 초기 작업

하나님의 자녀들 마음에 성전을 지을 때에도 제일 먼저 거룩한 질서가 필요하다. 이번에는 외적 질서가 아니라 내적 질서에 주안점을 두는 것이다. 하나님의 영광이 나타나는 곳은 우리들 마음속 은밀한 곳이다.

백성들의 마음이 정돈되고 그들을 변화시키는 과정이 세례

요한의 사역으로 시작되었다. 성경이 요한의 사역을 "예수 그리스도의 복음의 시작"막 1:1으로 묘사한다고 해서, 요한을 구약의 선지자로 생각해서는 안 된다. 사복음서의 모든 시작 부분에서 그의 설교를 볼 수 있다. 예수님은 "율법과 선지자는 요한의 때까지요"눅 16:16라고 선언하심으로써 요한의 사역을 다시 강조하셨다. 예수님이 "율법과 선지자는 나의 때까지요"라고 말씀하시지 않은 사실에 주목하라.

요한의 사역은 이렇게 요약할 수 있다. "이스라엘 자손을 주 곧 그들의 하나님께로 많이 돌아오게 하겠음이라… 주를 위하여 세운 백성을 준비하리라"눅 1:16-17. 중요한 것은 그가 '주님을 위하여 세운 백성을 준비했다'는 것이다. 하나님은 모세 시대에 장인과 장색들에게 기름을 부으셔서 성막을 짓게 하신 것처럼, 요한에게 기름을 부으사 마음의 성전을 준비하게 하셨다. 이사야는 요한에 대해 이렇게 예언했다.

> 외치는 자의 소리여 이르되 너희는 광야에서 여호와의 길을 예비하라… 골짜기마다 돋우어지며 산마다, 언덕마다 낮아지며 고르지 아니한 곳이 평탄하게 되며 험한 곳이 평지가 될 것이요 여호와의 영광이 나타나고 모든 육체가 그것을 함께 보리라사 40:3-5

여기서 산과 언덕들은 하나님의 길과 반대되는 인간의 길을 의미한다. 하나님과 만나기 위해서는 하늘 높이 치솟았던 인간의 교만은 낮아져야 한다. 하나님의 백성들은 여호와의 영광을 기다리는 가운데 불경함과 어리석음은 깎이고 평평해질 것이다.

요한은 여호와를 모르는 사람들이 아니라 여호와와 언약을 맺은 백성들에게 회개하라고 선포했다. 이스라엘 백성은 종교적인 사람들로 변질됐으나, 모든 것이 잘되고 있다고 믿고 있었다. 사실 하나님께서는 이스라엘 백성들을 잃어버린 양으로 여기셨다. 수많은 사람들이 회당 모임에 꼬박꼬박 참석하였으나 정작 자신의 마음은 돌보지 않고 있었다. 그들은 잘못된 가르침에 속고 있었고, 자신들이 드리는 예배가 하나님이 받으실 만한 예배라고 생각했다.

요한은 이스라엘 백성들의 거짓을 드러내고, 진실을 감추고 있던 덮개를 젖혀버렸다. 그들이 아브라함의 자손으로서 정당화하던 불안정한 기반을 흔들어버렸다. 장로들의 교리에 담긴 오류를 드러내고, 열정과 능력이 없는 형식적인 기도를 속속들이 들추어냈다. 그들이 가난한 자들을 돌보지 않고 심지어 그들의 몫까지 빼앗으면서 십일조를 내는 일이 얼마나 의미 없는지 보여주었다. 요한은 생명 없는 종교적 관습의 공허함과 하나님과 멀어져 있는 굳은 마음을 지적했다.

요한은 이스라엘 백성에게 회개의 세례를 전파했다막 1:4. 요한의 메시지는 부분적 회개가 아니라 철저하고 완전한 마음의 변화를 뜻했다. 요한의 '마음을 하나님께 돌이키라'는 담대한 도전은 이스라엘 백성의 뿌리 깊은 속임수와 거짓에서 얻은 헛된 안정감을 산산이 부숴버렸다. 요한이 맡은 거룩한 사명은 이스라엘 백성들의 마음의 땅을 고르게 하는 일이었다. 백성들이 가진 교만이라는 높은 산과 종교라는 오만한 언덕들을 평평하게 만들고, 그의 백성들이 예수님을 받아들이도록 준비시키는 일이었다.

예수님의 헌신으로 열린 마음의 문

요한의 사역이 끝나자, 예수님은 겸손의 마음을 가진 사람들 위에 친히 오셨다. 예수님은 그들의 마음에 터를 닦고 성전을 지으셨다. "이 닦아둔 것 외에 능히 다른 터를 닦아둘 자가 없으니 이 터는 곧 예수 그리스도라"고전 3:11.

하나님의 말씀으로 다시 거룩한 질서가 세워졌다. 하지만 이번에는 "육신이 된 하나님의 말씀"으로 나타났다! 예수님이 최고 건축가이시다히 3:1-4. 예수님께서는 가르침뿐 아니라 삶으로써 사람들에게 본을 보이셨다. 하나님이 인정하시는 길을 인류에게 보여주셨다.

요한의 사역을 받아들인 사람들은 예수님의 역사를 받아들일 준비가 되어 있었다. 반대로 요한을 거부한 사람들은 예수님의 역사를 받아들일 준비가 되어 있지 않았다. 불안정하고 고르지 않은 마음밭은 성소를 지탱할 수 없다.

당시 요한의 메시지를 받아들이고 예수님께 마음을 연 자들은 죄인들이었다. "모든 세리와 죄인들이 말씀을 들으러 가까이 나아오니"눅 15:1. 그들은 종교에서 위로를 얻지 못했고, 진정한 구세주를 고대하고 있었다.

사역을 완수하신 예수님은 대제사장 가야바에 의해 십자가에 달려 죽으셨다. 이 일은 마음의 성전을 준비하는 최종단계였다. 사람들과 하나님과의 관계를 분리시킨 인간의 죄성은 예수님의 희생으로 용서되었다.

우리는 구약성경을 통해 하나님께 드린 희생양 제물을 미리 보았다. 성막이 세워졌을 때, 대제사장 아론은 여호와께 제물을 드렸다. 그중 하나가 흠 없는 어린양이었다. 그리고 여호와의 영광이 온 백성에게 나타났다. 하나님께 드린 어린양 제물은 솔로몬의 성전봉헌에서도 예시된 바 있다.

> 이에 왕과 모든 백성이 여호와 앞에 제사를 드리니 솔로몬 왕이 드린 제물이 소가 이만 이천 마리요 양이 십이만 마리라 이와 같이 왕과 모든 백성이 하나님의 전의 낙성식을 행하니라대하 7:4-5

바로 이날 여호와의 영광이 성전에 나타났다. 히브리서 저자는 성막과 성전에서 드려진 제물과 예수님의 희생제물을 비교하며 이렇게 말했다.

염소와 송아지의 피로 하지 아니하고 오직 자기의 피로 영원한 속죄를 이루사 단번에 성소에 들어가셨느니라 9:12

하나님의 어린양 예수님은 우리를 위해 고귀한 피를 흘리셨다. 그 순간 성전의 휘장이 위에서부터 둘로 찢어졌다 눅 23:45. 하나님이 역사하신 것이다! 앞으로 다시는 사람들의 손으로 지은 건물에 하나님의 영광이 나타나지 않을 것이다. 하나님께서 늘 거하기를 소원하셨던 백성들의 마음의 성전에서만 그분의 영광이 나타날 것이다.

하나님께 온전히 순종하는 마음

오순절날이 이미 이르매 그들이 다같이 한곳에 모였더니 홀연히 하늘로부터 급하고 강한 바람 같은 소리가 있어 그들이 앉은 온 집에 가득하며 마치 불의 혀처럼 갈라지는 것들이 그들에게 보여 각 사람 위에 하나씩 임하여 있더니 행 2:1-3

예수님이 부활하신 후 백성들에게 다시 한 번 하나님의 영광이 나타났다. '그들이 다같이 한곳에 모였다' 는 것은 하나님의 질서가 나타났다는 뜻이다. 그들은 자신에 대해 모두 죽은 사람들이었기 때문에 예수님의 말씀에 순종할 수 있었다.

예수님은 3년 반 동안 사역하시면서 수많은 사람들을 섬기셨다. 많은 사람들이 예수님을 따랐고 예수님이 부활하신 후에는 500명이 넘는 제자들 앞에 나타나셨다 고전 15:6. 그런데 오순절에 그 집에 있던 사람은 120명뿐이었다 행 1:15.

예수님이 십자가에 못 박히신 후 수많은 사람들은 어디로 갔을까? 예수님은 왜 500명의 제자들에게만 나타나셨을까? 그밖의 사람들은 오순절에 어디를 가고 120명에게만 하나님의 영광이 나타났을까?

예수님은 부활하신 후 사람들에게 예루살렘을 떠나지 말고 아버지의 약속을 기다리라고 명하셨다 행 1:4. 500명의 제자들은 모두 처음에는 예수님을 기다렸을 것이다. 그러나 시간이 지나면서 어떤 사람들은 더 참지 못하고 "이제 우리는 우리대로 살아야 해. 예수님은 떠나셨는걸." 하고 결정을 내렸을 것이다. 어떤 사람들은 전통적인 방식으로 하나님께 예배드리러 갔을 것이다. 또 어떤 사람들은 하나님의 말씀을 인용하며 "우리는 온 세상으로 나아가 복음을 전해야 해. 지금 당장 복음을 전하러 떠나는 게 좋겠어!"라고 말했을 것이다.

나는 하나님께서 남은 자들이 "설령 여기서 죽는 한이 있어도 주께서 기다리라고 하셨으니 다른 데로 가지 않겠다."고 결심하기를 기다리셨을 것이라고 믿는다. 주님께 완전히 복종한 사람들만 그런 헌신을 할 수 있다. 어떠한 활동이나 물건, 심지어 사람조차도 순종보다 중요하지 않다. 그들은 하나님의 말씀을 듣고 따르는 자들이었다 사 66:2.

> 누구든지 자기 십자가를 지고 나를 따르지 않는 자도 능히 내 제자가 되지 못하리라 너희 중의 누가 망대를 세우고자 할진대 자기의 가진 것이 준공하기까지에 족할는지 먼저 앉아 그 비용을 계산하지 아니하겠느냐 그렇게 아니하여 그 기초만 쌓고 능히 이루지 못하면 보는 자가 다 비웃어… 이와 같이 너희 중의 누구든지 자기의 모든 소유를 버리지 아니하면 능히 내 제자가 되지 못하리라 눅 14:27-29, 33

예수님은 우리가 "그분을 따르려면 먼저 대가를 헤아려보아야 한다."고 분명히 말씀하셨다. 그 대가란 바로 우리 자신의 삶 그 자체다! "구원은 그냥 받는 선물이 아닌가요?"라고 물을지도 모른다. 물론 구원은 돈이나 노력으로 살 수 없지만 삶 전부를 드리지 않으면 구원을 받을 수 없다. 아무리 선물이라도 잃어버리거나 도둑맞지 않도록 보호해야 한다. 예수님은 "또 너희가 내 이름으로 말미암아 모든 사람에게 미움을 받을 것이나 끝까지 견디는 자는 구원을 얻으리라"마 10:22고 말씀하셨다. 자신의 삶을 아낌없이 드릴 때 끝까지 견딜 수 있다.

참된 그리스도인은 주님을 위해 삶을 온전히 내놓는다. 또한 주님의 진정한 제자는 끝까지 신념을 굽히지 않는다. 하지만 단순한 개종자들과 방관자들은 이익과 축복만 바라고 끝까지 견딜 인내심이 부족하다. 예수님은 우리에게 "너희는 가서 모든 민족을 제자로 삼으라"는 지상명령을 내리셨다마 28:19. 개종자가 아니라 제자를 삼으라는 명령이었다.

오순절에 남아 있던 사람들은 그들의 꿈과 야망, 목적, 계획들을 모두 버렸다. 자연스럽게 한마음 한뜻을 품을 수 있었다. 이것이 하나님께서 오늘날 우리에게 바라시는 연합이다. 오늘날 일부 목회자들과 교회들을 중심으로 다양한 연합운동이 있었지만 진정으로 하나 되는 일은 오직 하나님만이 하실 수 있다.

우리가 우리의 욕심, 계획, 자기 의를 버리지 않으면, 가슴속에 숨겨져 있던 문제들이 결국 드러날 것이다. 마음속의 숨겨진 문제는 하나님과의 관계를 피상적으로 만든다. 물론 우리는 주님의 마음에 복종하지 않고도 주님의 뜻을 품을 수 있다. 하지만 우리가 얻는 것은 아무것도 없다. "여호와께서 집을 세우지 아니하시면 세우는 자의 수고가 헛되기"시 127:1 때문이다. 하나님은 우리들에게서 그분의 말씀을 듣고 하나님을 경외하는 자들을 찾고 계신다. 바로 그곳에서 하나님과의 연합이 시작된다.

기적과 구원을 주신 하나님의 영광

오순절에 모인 사람들은 참된 연합을 이루었다. 그들의 마음은 모두 정돈되어 있었고, 주님의 뜻으로 하나가 되었다. 요한의 사역과 예수님의 사역이 조화를 이루어 그들의 마음에 거룩한 질서가 확립되었다. 앞에서 말한 하나님의 패턴대로, 거룩한 질서가 확립된 후 예수님의 영광이 나타났다.

> 홀연히 하늘로부터 급하고 강한 바람 같은 소리가 있어 그들이 앉은 온 집에 가득하며 마치 불의 혀처럼 갈라지는 것들이 그들에게 보여 각 사람 위에 하나씩 임하여 있더니 행 2:2-3

120명의 사람들에게 하나님의 영광이 나타났다. '불의 혀 같은 것들'이 각 사람 위에 임했다. 거기 있던 모든 사람들이 하나님의 거룩한 임재의 불로 세례를 받았다 마 3:11.

물론 이때 하나님의 영광이 완전히 드러난 것은 아니었다. 하나님의 완전한 영광을 본 사람도 없고 그것을 보고 견딜 수 있는 사람도 없다 딤전 6:16. 그러나 이때 나타난 영광이 워낙 강력해서, 천하 각국으로부터 와서 예루살렘에 머물고 있던 경건하고 하나님을 경외하는 수많은 유대인들의 관심을 사로잡았다 행 2:5-7.

이에 베드로가 서서 그들에게 복음을 전했다. 그날 3,000명이 구원받고 그리스도인이 되었다. 그 결과 다음과 같은 일이 일어났다.

> 사람마다 두려워하는데 사도들로 말미암아 기사와 표적이 많이 나타나니 행 2:43

하나님이 그분의 영광을 일부 드러내시자 사람들은 두려워했다. 하나님은 사람들 앞에 강력하게 역사하셨다. 날마다 놀라운 기적과 구원의 증거들이 나타났다. 많은 사람들이 하나님의 구원을 받았고, 이미 예수님께 삶을 드렸던 사람들은 성령의 임재로 다시 새로워졌다.

그러나 앞에서도 보았듯이, 하나님이 영광을 드러내시는데 주님을 향한 경외심을 갖지 않으면 사람들은 반드시 심판을 받게 된다. 더 큰 영광이 나타날수록 심판도 더 크고 더 신속히 임한다. 다음 장에서는 달라지는 심판의 양상과 하나님이 기뻐하시는 우리의 자세를 좀더 자세히 살펴볼 것이다.

오직 너희를 부르신 거룩한 이처럼
너희도 모든 행실에 거룩한 자가 되라
기록되었으되 내가 거룩하니
너희도 거룩할지어다 하셨느니라

_벧전 1:15-16

6
하나님을 향한 미숙한 사랑

Walking with God

> 사람의 칭찬을 바라면 사람을 두려워할 것이다.
> 사람을 두려워하면 사람을 섬길 것이다.
> 우리는 두려워하는 것을 섬기기 때문이다.

오순절이 지나고 교회는 하나님의 임재와 능력으로 은혜가 충만했다.

수많은 사람들이 구원받고 치유의 은혜를 누렸다. 가진 자들은 자기의 소유물을 팔아 그것을 교회 앞에 드려 가난한 자들에게 나누어 주도록 했다. 어느 누구도 부족함이 없었고 모두가 만족했다.

기만의 대가를 받은 사람들

> 구브로에서 난 레위족 사람이 있으니 이름은 요셉이라 사도들이 일컬어 바나바라(번역하면 위로의 아들이라) 하니 그가 밭이 있으매 팔아 그 값을 가지고 사도들의 발 앞에 두니라 행 4:36-37

6장_ 하나님을 향한 미숙한 사랑

구브로는 천연자원이 풍부하고 꽃과 과일로 유명한 섬이었다. 그 섬에는 포도주와 기름이 많이 생산되었고, 다양한 보석들도 많았다. 바나바가 구브로에 땅을 소유하고 있었다면 아주 부자였을 것이다. 다른 나라에서 온 부유한 레위인 바나바가 땅을 판 큰돈을 모두 가져와 사도에게 건넸다. 다음 구절을 주의 깊게 읽어보자.

> 아나니아라 하는 사람이 그의 아내 삽비라와 더불어 소유를 팔아
> 행 5:1

이 문장은 영어성경에서 'But' 으로 시작된다. 성경에서는 새로운 사건을 소개할 때마다 항상 but이 나온다. 여기서 but이 쓰인 걸 보면, 사도행전 4장에서 일어난 사건이 5장에 나오는 아나니아와 삽비라 사건과 연관되어 있는 것이 분명하다. 앞에 일어난 사건을 참작하지 않으면 앞으로 일어날 일을 완전히 이해할 수 없다. 그것이 이 문장의 첫부분에 but이 들어간 이유일 것이다.

어느 부유한 사람이 새로 교회에 와서 자기 땅을 팔아 큰 헌금을 드리자 이에 자극받은 아나니아와 삽비라도 소유물을 팔았다.

> 그 값에서 얼마를 감추매 그 아내도 알더라 얼마만 가져다가 사도들의 발 앞에 두니 베드로가 이르되 아나니아야 어찌하여 사탄이

네 마음에 가득하여 네가 성령을 속이고 땅값 얼마를 감추었느냐 땅이 그대로 있을 때에는 네 땅이 아니며 판 후에도 네 마음대로 할 수가 없더냐 어찌하여 이 일을 네 마음에 두었느냐 사람에게 거짓말 한 것이 아니요 하나님께로다 행 5:2-4

아나니아와 그의 아내는 교회에서 헌금을 많이 드리는 사람으로 명성이 높았던 것 같다. 그들은 그들이 베푼 관대함 덕분에 사람들에게 많은 관심을 받았을 것이고, 그들에게 보내는 사람들의 존경과 인정을 즐겼는지도 모른다. 그런데 사람들의 관심이 새로운 사람, 구브로의 레위인에게 쏠린 것이다. 모든 사람들이 너그러운 레위인의 덕을 칭찬했다. 아나니아와 삽비라는 사람들에게서 관심이 멀어지자 견딜 수 없었다. 사람들에게 주시받을 때 느끼는 만족은 마약과 같아서 자기가 받던 다른 이들의 관심이 없어지면 여러 가지 방법을 이용해서라도 멀어진 관심을 되돌리려 한다.

아나니아와 그의 아내는 즉시 땅을 팔았다. 그들의 땅 또한 매우 귀한 땅이었기에 큰돈을 받자 아나니아와 아내는 이런 결론을 내렸다. "이것은 나누기엔 너무 큰돈이야. 전부 내놓을 수는 없지만 전부 내놓는 것처럼 보였으면 좋겠어. 그러니까 땅 판 돈의 일부분만 내놓고 밭을 팔아서 받은 돈 전부라고 말하자."

아나니아와 그의 아내는 사람들에게 땅을 판 돈 전액을 헌금으로 내놓는 것처럼 보이고 싶었다. 하지만 그 일은 하나님 앞에 큰 죄였다. 그들이 땅을 판 수익금의 일부를 갖는 것이 잘못이라는 이야기가 아니라 거짓말한 것이 잘못이었다. 아나니아와 그의 아내는 진실과 정직함보다 사람들의 칭찬을 받고 싶었다. 그들에게 중요한 것은 세상 사람들의 평판이었다. 그들은 어쩌면 스스로에게 이렇게 말하며 위안을 얻었을지도 모른다. "그게 뭐 해로운 일인가? 우린 가난한 사람들에게 나눠주고 가난한 자들의 필요를 채워주었어. 그러면 된 거 아니야?"

사람에게 칭찬받기를 바라면 사람을 두려워하게 된다. 사람을 두려워하면 사람을 섬기게 된다. 아나니아와 삽비라는 하나님보다 사람을 두려워했다. 그들이 두려워하는 존재를 섬기는 것은 당연하다. 그렇기 때문에 하나님 앞에서 그런 행동을 할 수 있었던 것이다.

> 아나니아가 이 말을 듣고 엎드러져 혼이 떠나니 이 일을 듣는 사람이 다 크게 두려워하더라 젊은 사람들이 일어나 시신을 싸서 메고 나가 장사하니라 행 5:5-6

아나니아는 궁핍한 자를 돕기 위해 헌금을 가져왔다가 죽었다! 그 광경을 목격하거나 들은 사람들은 모두 엄청난 충격에 빠졌지만 하나님의 심판이 즉각적으로 임한 것이다.

> 세 시간쯤 지나 그의 아내가 그 일어난 일을 알지 못하고 들어오니 베드로가 이르되 그 땅 판 값이 이것뿐이냐 내게 말하라 하니 이르되 예 이것뿐이라 하더라 베드로가 이르되 너희가 어찌 함께 꾀하여 주의 영을 시험하려 하느냐 보라 네 남편을 장사하고 오는 사람들의 발이 문 앞에 이르렀으니 또 너를 메어 내가리라 하니 곧 그가 베드로의 발 앞에 엎드러져 혼이 떠나는지라 젊은 사람들이 들어와 죽은 것을 보고 메어다가 그의 남편 곁에 장사하니 온 교회와 이 일을 듣는 사람들이 다 크게 두려워하니라 행 5:7-11

아나니아와 삽비라는 성령의 은혜를 처음 받은 사람들에 속했을 것이다. 그들은 하나님을 섬기기 위해 사회적 지위와 재정적 안정을 희생했을지도 모른다. 그러나 진심으로 하나님을 사랑하고 경외하는 마음이 없다면 은혜를 처음 받았어도 주님에게 큰 희생을 드려도 아무 소용이 없다.

하나님의 큰 은혜를 경험한 이들에게 왜 이런 일이 생긴 걸까? 아마 하나님의 임재가 일부 사람들에게는 평범한 일상이 되었던 것 같다. 하나님의 임재를 익숙하게 느낀 그들은 기꺼이 함께하셨던 예수님을 기억하고, 성령님께도 그렇게 해도 된다고 생각했을지도 모른다. 하지만 예수님은 친히 육신을 입으시고 사람을 위해 중재자가 되셨다는 것을 잊어서는 안 된다.

한 하나님이시지만 성부 하나님, 성자 하나님, 성령 하나님은 분명히 구분된다. 예수님은 자신을 모독할 경우 용서받을 수 있어도 성령님의 모독은 용서받을 수 없다고 말씀하셨다. 즉 거룩한 하나님의 질서가 회복되리라는 것을 미리 알려주신 것이다. 우리 역시 예수님을 통해 다시 하나님의 자녀가 되었으니 거룩한 질서가 확립되어야 한다.

경외함을 깨달은 교회

아나니아와 삽비라가 베드로의 발 앞에 쓰러져 죽자, 교회는 하나님의 거룩하심에 대해 새롭게 깨달았다. 하나님의 거룩하심은 훼손될 수 없고, 하나님 앞에는 항상 정직함으로 서야 한다는 것을 깨달았다. 하지만 사람들은 이 사건을 보고 하나의 생각만 한 것은 아니었다.

'그 일이 나에게 닥칠 수도 있었어.' '난 하나님을 안다고 생각했는데 그게 아닌 것 같아. 그렇게 신속하게 가차 없이 심판하시는 분인지 몰랐어.' 하지만 모든 이들의 공통된 생각은 '하나님은 거룩하시며 모든 것을 알고 계신다!' 였다. 온 교회가 크게 두려워하며 자신의 마음을 돌아보았고, 크고 놀라우신 하나님 앞에 엎드렸다.

나는 나를 가까이하는 자 중에서 내 거룩함을 나타내겠고 온 백성 앞에서 내 영광을 나타내리라레 10:3

하나님은 사랑의 하나님이시나 동시에 거룩한 하나님이시다. 몇 세기가 지났어도 하나님의 말씀과 거룩하심은 조금도 변하지 않았다. 하나님은 과거에나 현재에나 미래에나 항상 위대한 왕이시며, 그에 합당한 존경을 받으셔야 한다.

두렵고 떨림으로 너희 구원을 이루라 빌 2:12

다메섹 도상에서 예수님을 만난 바울은 '떨림'이라는 단어를 덧붙임으로써 이 권면을 더욱 강화했다. 이 구절은 신약성경에서 믿는 자와 그리스도의 적절한 관계를 묘사하는데 세 번이나 사용되었다.

바울은 성령의 계시를 받아 예수님을 알게 되었다. "비록 우리가 그리스도도 육신을 따라 알았으나 이제부터는 그같이 알지 아니하노라" 고후 5:16. 우리도 같은 방법으로 예수님을 알게 되었다. 우리가 사람들과 동행하듯이 하나님을 알아가고 그분과 동행하려 한다면, 결국 초대교회의 몇몇 사람들처럼 하나님의 임재를 당연시하게 될 것이다.

나는 아나니아와 삽비라가 초대교회의 역사에 놀라고 흥분한 사람들이었을 것이라고 확신한다. 모두가 풍성한 기사와 표적들에 놀랐다. 그러나 하나님을 향한 경외심이 없으면 기사와 표적들도 진부해지고 만다. 하나님을 향한 경외심이 있어야만 이 불행한 부부처럼 어리석은 행동을 하지 않을 것이다시 34:11-13 참조. 우리가 하나님을 경외할 때 기사와 표적에만 매혹되지 않고 거룩하신 하나님을 만날 것이다.

하나님의 사랑과 그분께 드리는 경외

아나니아와 삽비라의 심판을 목격한 베드로는 하나님께 영감을 받아 다음과 같은 말씀을 남겼다.

> 오직 너희를 부르신 거룩한 이처럼 너희도 모든 행실에 거룩한 자가 되라 기록되었으되 내가 거룩하니 너희도 거룩할지어다 하셨느니라 외모로 보시지 않고 각 사람의 행위대로 심판하시는 이를 너희가 아버지라 부른즉 너희가 나그네로 있을 때를 두려움으로 지내라벧전 1:15-17

베드로가 우리에게 '사랑으로 지내라'고 하지 않고 '두려움과 경외심으로 지내라'고 권고한 것을 기억해야 한다. 물론 우리는 사랑하며 살아야 한다. 사랑이 없으면 모든 것이 무익하고, 하나님의 사랑이 없으면 아버지 하나님의 마음을 알 수 없다. 베드로는 이 서신의 앞부분에서 우리 마음속에 '주님을 향한 사랑이 불타올라야 한다'고 기록했다. "예수를 너희가 보지 못하였으나 사랑하는도다"8절.

우리는 개인적으로 아버지 하나님과 사랑의 관계를 맺어야 한다. 그러나 베드로는 재빨리 '하나님을 두려워하라' 는 말을 덧붙였다. 하나님을 향한 거룩한 경외심이 없으면 하나님을 향한 우리의 사랑도 한계에 부딪힌다. 우리 마음은 두 불꽃의 빛과 온기를 모두 지녀야 한다.

성경에서 증거하는 하나님의 절대 변치 않을 두 가지 특성은 '사랑' 과 '소멸하는 불' 이시다 요일 4:8; 히 12:29. 바울이 말하는 불은 하나님의 심판대 앞에 설 때 경험하게 되는 불이다. 거기서 우리는 우리가 한 일에 대해 선한 일이든 악한 일이든 낱낱이 고하게 될 것이다 고후 5:10. 그래서 바울은 "우리는 주의 두려우심을 알므로 사람들을 권면하거니와" 고후 5:11 라고 말했다.

우리가 자신 있게 하나님 앞으로 나아갈 수 있는 것은 하나님의 사랑 덕분이다. 성경은 우리가 합당한 자세로 나아가 하나님을 섬겨야 한다고 덧붙인다. 합당한 자세란 어떤 자세일까? 바로 '경건함과 두려움' 으로 나아가는 것이다 히 12:28.

나는 하나님 아버지께서 두 팔을 내밀고 날 부르시며 "어서 와 내 무릎 위에 앉으렴. 우리 꼭 껴안고 이야기하자."라고 말씀하시는 것처럼 느낄 때가 있다. 난 그런 시간들을 정말 사랑한다. 나에게는 매우 귀하고도 특별한 시간이다. 하지만 하나님의 거룩한 임재 앞에서 두려움과 경외심으로 기도하고 예배드리는 때도 있다.

몇 년 전, 말레이시아 쿠알라룸푸르에서 일주일간의 집회를 마치면서 드린 예배가 그러했다. 그때의 예배 분위기는 다른 때와 매우 달랐고, 우리가 마침내 영적으로 도약했음을 감지했다. 강당 안은 하나님의 임재가 가득했고, 하나님의 기쁨과 사랑이 넘치자 몇몇 사람들이 큰 소리로 웃었다. 이런 현상이 15분 정도 지속되었다. 잠시 쉬었다가 또 한 번 하나님의 임재가 파도처럼 밀려왔다. 더 많은 사람들이 감동을 받은 후, 또다시 잠잠해졌다. 다시 한 번 하나님의 임재가 기쁨과 함께 밀려 들어와 강당 안을 가득 채웠다. 강당 안에 모인 모든 사람들이 하나님의 사랑으로 새롭게 되어 웃을 때까지 계속되었다. 그런 다음 다시 잠잠해졌다.

그때 하나님께서 내게 "내가 마지막으로 너희에게 가고 있다. 하지만 이번에는 다른 때와 다를 것이다."라고 말씀하시는 것을 들었다. 나는 잠잠히 기다렸다. 몇 분 후 강당 안은 아주 색다른 하나님의 임재로 가득찼다. 그 임재는 놀랍고 무섭기까지 했다. 사람들의 분위기가 긴장되었지만 나는 그 힘에 강하게 이끌렸다. 하나님의 크신 사랑으로 조금 전에 웃던 사람들이 이제 통곡하기 시작했다.

강단으로 걸어가는데 이런 생각이 들었다. '존, 절대 잘못된 행동이나 말을 하면 안 돼. … 그러면 넌 죽은 사람이야.' 어떻게 된 일인지 강단에 다가갈수록 이런 생각은 점점 강해졌다. 하나님의 임재 안에서 경외심을 갖지 않을 수 없었다.

나는 그날 사람들에게서 두 가지 반응을 보았다. 사람들은 하나님의 임재를 두려워하여 도망치거나 크신 하나님께 더 가까이 다가가거나 둘 중 하나였다.

우리는 두려운 마음으로 예배를 마쳤다. 많은 사람들이 하나님의 임재로 완전히 변화된 것이 느껴졌다. 하나님의 임재로 감동을 받은 어떤 사람은 나중에 이렇게 말했다. "제 속이 아주 깨끗해진 느낌이에요." 그게 무엇을 의미하는지 나는 안다. 나 또한 깨끗해진 것을 느꼈기 때문이다. 나중에 이 성경구절을 발견했다.

> 여호와를 경외하는 도는 정결하여 영원까지 이르고시 19:9

그렇지만 하나님의 사랑만 생각하고 그분께 드리는 경외함을 잃어버린 사람도 있다. 하나님을 경외하는 마음이 없으면 이 사랑이 어디까지 미칠 수 있는가? 나는 감옥에 갇힌 짐 베커(1980년대 미국 최고의 부흥사였는데 성추문과 공금횡령 혐의로 5년간 옥살이를 했다-역주) 목사를 찾아간 적이 있다. 베커 목사는 감옥의 뜨거운 열기 때문에 자기 마음이 완전히 변화되었다고 고백했다. 생전 처음 예수님의 주인 되심을 경험한 것이다. 그는 가족과 사역, 자기가 가지고 있던 모든 것을 잃고 나서야 예수님을 찾았다고 했다.

나는 베커 목사의 말을 분명히 기억한다. "존, 감옥은 내 인생에 대한 하나님의 심판이 아니라 그분의 자비라네. 만약 내가 가던 길을 계속 갔다면 나는 틀림없이 지옥에 갔을 걸세!"

그리고 나서 짐 베커 목사는 우리가 모두 마음에 새겨야 할 이야기를 했다. "존, 난 항상 예수님을 사랑했네. 하지만 그분이 내 주인은 아니었어. 나 같은 사람은 미국에만도 수만 명이 있을 거야!"

베커 목사는 자신에게 계시된 예수님의 모습을 사랑했다. 그러나 주님을 경외하는 마음이 부족했기 때문에 그의 사랑은 미숙했다. 오늘날 짐 베커 목사는 하나님을 경외하는 사람이 되었다. 그에게 감옥에서 나가면 무엇을 하고 싶은지 묻자 베커 목사는 주저 없이 이렇게 대답했다. "새롭게 살 걸세! 내가 다시 예전 생활로 돌아간다면 주님께 심판을 받게 될 거야!"

은혜를 구하라

사랑의 교리가 하나님을 경외하는 마음과 조화를 이루지 못하면 오류가 발생한다. 마찬가지로 하나님을 경외하는 마음이 하나님을 사랑하는 마음과 조화를 이루지 못할 때도 똑같은 결과가 발생한다. "그러므로 하나님의 인자하심과 준엄하심을 보라"고 하는 이유가 여기에 있다 롬 11:22.

균형을 잃으면 우리의 이성도 흐려져서, 하나님께 순종하는 것이 불리하거나 불편할 때마다 아무 거리낌 없이 불순종하게 된다. 짐 베커 목사도 그러했지만 우리 자신에게서도 말씀과 타협하는 모습을 쉽게 찾을 수 있을 것이다.

우리가 죄를 지으면서도 어깨를 한번 으쓱하며 '하나님의 은혜가 나의 죄를 덮어줄 거야. 하나님은 나를 사랑하시고 인생이 얼마나 힘든지 이해하실 테니까. 하나님은 내가 어떻게든 행복해지길 원하셔!' 하면서 스스로를 위로하고 양심을 진정시키는 것이다. 물론 이런 생각을 말로 표현하지는 않지만, 생각하는 것만으로 결과는 똑같다. 이런 생각의 결과가 바울이 예언한대로 정확히 나타나고 있다.

> 너는 이것을 알라 말세에 고통하는 때가 이르러 사람들이 자기를 사랑하며 돈을 사랑하며 자랑하며 교만하며 비방하며 부모를 거역하며 감사하지 아니하며 거룩하지 아니하며 무정하며 원통함을 풀지 아니하며 모함하며 절제하지 못하며 사나우며 선한 것을 좋아하지 아니하며 배신하며 조급하며 자만하며 쾌락을 사랑하기를 하나님 사랑하는 것보다 더하며 딤후 3:1-4

이 말씀은 세상이 아니라 교회의 모습을 묘사한 것이다. 하나님을 향한 사랑과 경외에서 균형을 잃을 경우 우리에게도 나타날 수 있는 모습이다. 그래서 히브리서 저자는 이렇게 권면했다.

> 은혜를 받자 이로 말미암아 경건함과 두려움으로 하나님을 기쁘시게 섬길지니 히 12:28

거룩한 삶을 살고 하나님의 권위에 순종하고 능력을 받을 수 있는 것은 하나님의 은혜가 있기 때문이다. 은혜는 경건함과 두려움으로 하나님을 섬길 수 있게 해주는 힘이다. 그것이 순종하는 삶의 배후에 있는 능력의 본질이며 우리의 구원을 확증해주는 증거이기도 하다.

> 이와 같이 행함이 없는 믿음은 그 자체가 죽은 것이라 어떤 사람은 말하기를 너는 믿음이 있고 나는 행함이 있으니 행함이 없는 네 믿음을 내게 보이라 나는 행함으로 내 믿음을 네게 보이리라 하리라
> 약 2:17-18

야고보는 하나님의 은혜를 받은 증거가 하나님께 순종하는 삶이라고 말함으로써 바울의 메시지를 확실하게 하고 있다. 하나님의 은혜는 순종하고 싶은 '마음' 뿐 아니라 그렇게 살 수 있는 '능력'까지 준다.

> 이로 보건대 사람이 행함으로 의롭다 하심을 받고 믿음으로만은 아니니라 약 2:24

야고보는 믿음의 조상 아브라함을 예로 들면서 이야기를 시작했다. "우리 조상 아브라함이 그 아들 이삭을 제단에 바칠 때에

행함으로 의롭다 하심을 받은 것이 아니냐"21절. 아브라함은 행동으로 믿음을 입증해보였다. 그의 믿음이 온전해졌다는 것을 행위가 입증해준 것이다. 오늘날 우리에게 '믿는다' 는 말은 '어떤 것의 존재를 마음으로 인정한다' 는 뜻으로 축소되었다. 수많은 사람들이 감정적으로 동요되어 결단의 기도를 드렸다가도 본래의 불순종의 길로 돌아서는 것은 믿음의 참 의미를 몰라서일 수 있다.

그들은 하나님의 뜻과 상관없이 여전히 스스로를 위해서 살며, 변화의 능력이 없는 감정적 구원만 믿고 의지한다. 물론 그들은 하나님을 믿지만 성경은 이렇게 말한다.

"네가 하나님은 한분이신 줄을 믿느냐 잘하는도다 귀신들도 믿고 떠느니라" 19절

마음의 변화와 순종의 열매가 없는데 예수 그리스도를 인정하는 것이 무슨 소용이 있는가? 우리는 아브라함을 통해 '믿는다' 는 말의 정확한 의미를 보았다. '믿는다' 는 것은 예수님의 존재를 인정하는 것 이상의 의미로서 '주님과 함께 하나님의 말씀과 뜻에 순종하는 것' 이다. 하나님을 믿는 것은 순종하는 것이며, 순종하는 것이 믿는 것이다. 하나님을 경외하는 것은 순종의 삶을 동반한다. 즉 경외와 사랑이 조화를 이룰 때 우리의 믿음은 성장하고 좀더 쉽게 순종할 수 있으며 하나님 앞에 나아갈 수 있다.

즉각적인 심판을 받은 어리석은 마음

다시 아나니아와 삽비라 사건으로 돌아가자. 온 교회는 아나니아와 삽비라 사건으로 들썩거렸다. 사람들은 그 사건을 통해 마음의 숨은 뜻이 드러나 그 자리에서 심판받을 수 있음을 알았다. 그들은 자신의 죄를 회개하며 마음을 찢었다. 어떤 사람들은 공동체에 합류하기 전에 만일 그와 같은 일이 일어날 때 치러야 할 대가를 더 심각하게 생각했다. 아마 하나님의 심판이 두려워 교회를 떠난 사람들도 있었을 것이다. 그러나 두려움에 빠진 것은 교회만이 아니었다. 이들의 사건을 전해 들은 모든 사람들이 두려워했다.

> 그 나머지는 감히 그들과 상종하는 사람이 없으나 백성이 칭송하더라 믿고 주께로 나아오는 자가 더 많으니 남녀의 큰 무리더라
> 행 5:13-14

이 구절에는 의미상 모순이 있다. 그들과 감히 상종하는 사람이 없다고 하면서 믿는 자가 더 많아졌다고 기록되어 있기 때문이다. 아무도 상종하려 하지 않았는데 어떻게 믿음을 가진 자들이 늘어날 수 있었을까? 이 구절이 의미하는 것은 무엇일까? 아마 더 이상 자신만을 위한 이기적인 목적으로 예수님을 따르려는 사람들이 없다는 뜻일 것이다. 그들은 예수님의 기적 때문이 아니라

바로 예수님 때문에 주님께 나아온 사람들이었다.

주님이 주시는 것 때문에 주님께 나오는 사람들은 축복과 결과를 얻기 위한 조건적 관계를 맺으려는 사람들이다. 이런 사람들은 하는 일이 뜻대로 되지 않으면 실망하고, 버릇없는 아이처럼 공경심을 잃어버린다. 그러나 사람들이 가진 이런 불경한 마음이 심판을 받으면, 잘못된 동기들은 심판의 빛에 모두 제거되고 하나님을 경외하는 참된 회개의 마음을 갖게 된다.

아나니아와 삽비라는 왜 죽었는가? 내가 아는 사람들도 목회자에게 거짓말을 했는데 그토록 혹독한 심판을 받지 않았다. 사실 교회사에서나 오늘날의 교회에서도 아나니아와 삽비라보다 훨씬 더 불경한 행동들을 많이 행했다. 그러나 예배 중에 쓰러져 죽는 사람은 없었다. 해답은 바로 다음 구절에 숨겨져 있다.

> 심지어 병든 사람을 메고 거리에 나가 침대와 요 위에 누이고 베드로가 지날 때에 혹 그의 그림자라도 누구에게 덮일까 바라고 행 5:15

사람들이 병든 사람을 거리에 뉘었다. 베드로가 지날 때 그의 그림자라도 병든 사람에게 비추면 병 고침을 받을까 기다렸던 것이다. 그러나 베드로의 그림자에 한정되어 병 고침의 능력이 있었다고 생각하지 않는다. 그림자는 병자를 고칠 능력이 없다. 나는 병자에게 덮인 그림자가 하나님의 구름이었다고 믿는다. 베드로에게 임한 하나님의 임재가 너무나 강력해서, 구름이 베드로의 그림자를 덮어버린 것이다. 모세가 시내산에서 내려왔을 때, 그의 얼굴에서 비치는 하나님의 영광 때문에 수건으로 얼굴을 가렸던 것처럼 하나님이 자신의 영광을 감추시기 위해 구름으로 베드로를 덮으신 것은 아닐까? 사도행전 5장 15절에서 베드로가 한 일은 병자들을 그림자로 덮을 만큼 다가가는 것뿐이었는데 그로 인해 수많은 병자들이 고침을 받았다.

이제 아나니아와 삽비라가 그 자리에서 왜 죽었는지 알겠는가? 베드로에게 임한 하나님의 영광 앞에서 거짓되고 불경한 태도를 보였기 때문이다.

하나님의 영광이 약해지는 시대

예수님이 부활하신 지 2000년이 지난 지금의 시대는 어떠한가? 하나님의 영광의 나타남은 강력해지지 않고 오히려 쇠약해졌다. 사람들이 하나님의 임재를 익숙하게 여기자 주님의 영광이 수그러든 것이다.

한때 하나님을 향해 뜨겁게 타올랐던 사랑과 경외심은 사라지고 사람들의 마음속에 이기적 욕망이 들어섰다. 결국 사람들은 종교적 활동과 교리에만 치중하게 되어 하나님께서 우리와 동행하시려는 목적을 무색하게 만들었다. 하나님의 임재와 영광이 약해져가는 요즘의 시대를 모세의 시대와 다윗 왕 시대로 비교할 수 있을 것이다.

모세 시대에 이스라엘 백성들은 하나님의 영광이 명백히 나타나는 가운데 몇 년 동안 광야에서 방황했다. 하나님께 불경한 자들은 사막에서 심판을 받았다. 그러나 젊은 세대들은 하나님을 경외하고 주님의 은혜와 영광에 전심으로 순종했다. 그들은 여호수아를 따라 약속의 땅을 차지하기 위해 나아갔다. 하지만 여기서 끝이었다. "그 세대의 사람도 다 그 조상들에게로 돌아갔고 그 후에 일어난 다른 세대는 여호와를 알지 못하며 여호와께서 이스라엘을 위하여 행하신 일도 알지 못하였더라" 삿 2:10.

새로운 세대는 하나님께 불순종했다. 그래서 하나님은 정기적으로 사사를 세워 그들을 인도하셨고 사사들에 의해 이스라엘 백성들은 폭발적인 부흥과 회복을 경험했다. 그러나 이스라엘의 전반적인 상태는 점점 더 악화되었다. 다음과 같은 성경구절을 볼 때 이스라엘은 하나님이 아니라 사사들에게 반응했다고 할 수 있다. "그 사사가 죽은 후에는 그들이 돌이켜 그들의 조상들보다 더욱 타락하여" 19절.

각 세대가 지날 때마다 하나님의 백성들은 하나님을 향한 믿음이 냉담해졌고 마침내 최악의 상태까지 이르렀다. 엘리가 제사장이자 사사일 때가 바로 그러한 시대였다. 엘리는 이스라엘을 40

년간 다스리는 동안 마음이 무뎌지고 눈도 어두워졌다.

엘리에게는 홉니와 비느하스라는 아들들이 있었다. 그들도 제사장이자 지도자였지만 그들의 타락은 아버지보다 더욱 심했다. 이들 때문에 크게 분노하신 하나님은 이렇게 선언하셨다. "엘리 집의 죄악은 제물로나 예물로나 영원히 속죄함을 받지 못하리라"삼상 3:14.

과거에는 백성들이 길을 잃고 방황할 때 지도자들이 백성들을 하나님께 돌아가도록 이끌었다.

하지만 타락한 지도자들은 지위와 권력을 남용해 신실한 백성들마저 밀어냈다.

엘리의 아들들은 회막 문에서 수종들던 여자들과 성관계를 맺었다삼상 2:22. 하나님이 그분의 백성들을 섬기라고 주신 지위와 권력을 남용해 자신의 사사로운 욕망을 충족하는 수단으로 사용했다. 이에 하나님은 크게 노하셨다. 엘리는 아들들의 부도덕함과 탐욕을 알면서도, 아들들의 범죄를 막거나 지도자의 자리에서 물러나게 하지 않았다.

홉니와 비느하스는 제단에서도 죄악을 저질렀다. 그들은 또다시 하나님이 주신 권위를 이용해 온갖 속임수와 협박으로 하나님의 제물을 먼저 먹었다. 이것은 하나님의 권위를 무시하는 악한 행동이었다.

즉각적인 심판이 지연된 이유

엘리의 아들들과 아론의 아들들(나답과 아비후는 하나님 앞에 합당치 않은 불을 분향해 죽었다)의 죄를 비교해보자. 왜 엘리의 아들들이 아론의 아들들같이 속히 죽임을 당하지 않았을까? 그들은 하나님과 그분의 백성들을 완전히 멸시했고, 홉니와 비느하스의 죄는 누가 봐도 명백했다. 그런데 왜 그들은 아론의 아들들과 달리 바로 죽지 않은 것일까? 해답은 다음 구절에서 찾을 수 있다.

> 여호와의 말씀이 희귀하여 이상이 흔히 보이지 않았더라 엘리의 눈이 점점 어두워 가서 잘 보지 못하는 그때에 그가 자기 처소에 누웠고 하나님의 등불은 아직 꺼지지 아니하였으며 사무엘은 하나님의 궤 있는 여호와의 전 안에 누웠더니 삼상 3:1-3

다음의 사실들을 살펴보면 그 시대의 상황을 알 수 있다.

여호와의 말씀이 희귀했다. 하나님은 모세와 함께하실 때처럼 말씀하시지 않았다. 그분의 말씀이 희귀한 곳에는 그분의 임재도 잘 나타나지 않았다.

이상이 흔히 보이지 않았다. 이상은 하나님의 임재 안에서 나타난다. 하나님의 임재가 없었기 때문에 하나님의 행위에 대한 지식도 제한되었다.

지도자의 눈이 어두워 잘 보지 못했다. 신명기 34장 7절에 보면, "모세가 죽을 때 나이 백이십 세였으나 그의 눈이 흐리지 아니하였고 기력이 쇠하지 아니하였더라"고 했다. 모세는 하나님의 영광 가운데 거닐었기 때문에 시력을 잃지 않았다. 그의 몸은 대부분 그대로 보존되었다.

하나님의 등불이 꺼져가고 있었다. 영광이 사라지니 하나님의 임재의 불빛도 깜박거렸다.

아론의 아들들의 경우, 여호와로부터 불이 나와 그들을 삼키므로 여호와 앞에서 죽었다. 그때는 하나님의 임재와 영광이 매우 강력했다. 그러나 엘리의 아들들은 눈먼 지도자의 그늘과 꺼져가는 등불의 그림자 속에 숨어 있었다. 하나님의 등불은 거의 꺼졌고 임재의 흔적만 남아 있을 뿐이었다. 하나님의 영광은 이미 사람들에게서 떠나갔다. 불경한 자들에게 내려지는 즉각적인 심판도 하나님의 영광이 있을 때 오는 것이다. 그래서 엘리의 아들들에게 내려지는 심판이 즉시 임하지 않고 연기되었다.

앞에서도 말했지만, 이와 같은 상황은 오늘날 점점 더 명백해지고 있다. 하나님의 영광이 크게 나타날수록 불경한 자에 대한 심판도 크고 신속히 임한다! 하나님의 영광이 있는 곳에는 죄가 들어올 때마다 즉각적인 반응이 나타난다. 빛이 강할수록 어둠이 남아 있을 가능성은 줄어드는 것이다.

오늘날은 하나님의 영광스러운 임재가 제한되어 심판이 연기됐지만, 영광의 빛이 퍼져나갈수록 심판의 집행도 다가온다. 바울은 그것을 이렇게 설명했다.

> 어떤 사람들의 죄는 밝히 드러나 먼저 심판에 나아가고 어떤 사람들의 죄는 그 뒤를 따르나니 딤전 5:24

아나니아와 삽비라의 불경한 죄는 하나님의 강한 빛에 드러나 즉시 심판을 받았다. 이는 오늘날 그들보다 훨씬 더 큰 죄를 범했어도 즉각적인 심판을 면한 많은 사람들을 설명해준다.

21세기 초반에 살고 있는 우리는 교회 안에서, 그리스도인들뿐만 아니라 지도자들 사이에서도 불경한 죄를 목격한다. 나는 세계의 여러 지역을 순회하면서, 목사, 사역자, 장로를 비롯한 교회 지도자가 성도들과 성적인 죄를 범했다는 이야기를 많이 들었다. 어떤 목회자들은 탐욕과 욕망으로 헌금을 권유하기도 한다. 만일 초대교회에서 이런 행위를 저질렀다면 분명하고 신속한 하나님의 심판이 임했을 것이다. 오늘날은 하나님의 등불이 희미해졌기 때문에 심판이 연기되고 있다. 그러나 두번째로 하나님의 영광이 나타날 때가 올 것이다.

회복되는 하나님의 영광

성경에서는 교회 시대가 시작될 때와 재림 직전 교회 시대가 막을 내릴 때 하나님의 영광이 얼마나 강력하게 나타날지 예언했다.

> 그러므로 형제들아 주께서 강림하시기까지 길이 참으라 보라 농부가 땅에서 나는 귀한 열매를 바라고 길이 참아 이른 비와 늦은 비를 기다리나니 약 5:7

이스라엘에서는 파종기가 시작될 때 이른 비가 내려 마른 땅을 촉촉이 적셔준다. 비에 젖어 촉촉하고 부드러워진 땅은 씨앗을 잘 받아들여 뿌리를 튼튼하게 내릴 수 있게 한다. 늦은 비는 수확기 직전에 내리는 비를 말하는데, 열매를 잘 익게 해준다. 야고보는 하나님의 영광이 부어지는 것을 설명하기 위해 계절에 따라 다르게 내리는 비를 비유로 사용하였다. 베드로의 증거에 따르면, 이른 비는 오순절 날 내렸다.

> 이는 곧 선지자 요엘을 통하여 말씀하신 것이니 일렀으되 하나님이 말씀하시기를 말세에 내가 내 영을 모든 육체에 부어 주리니 너희

의 자녀들은 예언할 것이요 너희의 젊은이들은 환상을 보고 너희의 늙은이들은 꿈을 꾸리라 그때에 내가 내 영을 내 남종과 여종들에게 부어 주리니 그들이 예언할 것이요 또 내가 위로 하늘에서는 기사를 아래로 땅에서는 징조를 베풀리니 곧 피와 불과 연기로다 주의 크고 영화로운 날이 이르기 전에 해가 변하여 어두워지고 달이 변하여 피가 되리라행 2:16-20

베드로는 '부어주다' 라는 말을 사용했다. '내려주다' 라고 할 수도 있었지만, 빗물이 떨어지는 것을 묘사할 때 쓰는 단어를 사용했다. 오순절 날 경험한 하나님의 영광의 계시를 베드로보다 더 잘 묘사할 수 있는 사람이 누가 있을까? 이 말씀은 경험에만 국한해서 쓰이지 않았다. 베드로는 주의 크고 영화로운 날이 이르기 전에 나타날 하나님의 영광을 묘사했다. '주의 크고 영화로운 날' 은 베드로가 살던 시대가 아니라 그리스도의 재림의 날을 가리킨다. 성령님은 베드로를 통해 같은 예언적 메시지나 성경구절에서 두 개의 특정 시대를 결부시켰다.

위에서 설명한 대로 오순절 날 받은 하나님의 영광은 우리의 죄악으로 수그러들었다. 바울은 성령님에 의해 하나님의 계시된 영광이 점점 약해지다가 마침내 최악의 상태에 이르는 것을 보았다. 하나님의 은혜가 다시 나타나기 전에는 약해진 영적 기후만 나타날 것이다. 바울은 믿는 자들의 타락을 한탄하며 예언했다.

> 때가 이르리니 사람이 바른 교훈을 받지 아니하며 귀가 가려워서 자기의 사욕을 따를 스승을 많이 두고 딤후 4:3

안타깝지만 우리는 그런 시대에 살고 있다. 너무나 많은 목회자들과 사역자들이 하나님의 공의를 전하기보다 대중의 마음을 끄는 일에 더 몰두해 있다. 여태까지 힘들게 쌓아온 모든 것들이 무너질까봐 진리를 담대하게 전하기를 두려워한다. 그래서 목회자나 사역자들은 사람들이 듣고 싶어하는 말만 하게 된다.

이 결과는 아주 파괴적이다. 사람들은 설교를 들으면서도 자신의 죄를 깨닫지 못하고 무엇이 하나님 앞에 의로운 것인지 알지 못한다. 사람들 중 다수가 실제로 구원받지 못했는데도 스스로 구원받았다고 생각한다. 동시에 어떤 사역자들은 하나님의 칭찬은 생각지도 않고 사람의 칭찬과 보상만 바라보고 설교한다. 무엇보다도 슬픈 현실은, 우리 사회가 어둠의 포로가 되어 교회를 경멸의 눈으로 바라본다는 것이다. 교회까지 하나님을 경외하지 않고 병들어버리면 사회의 병폐는 회복될 수 없다.

하나님의 해답은 무엇인가?

> 내가 곤고하고 가난한 백성을 네 가운데에 남겨 두리니 그들이 여호와의 이름을 의탁하여 보호를 받을지라 이스라엘의 남은 자는 악을 행하지 아니하며 거짓을 말하지 아니하며 입에 거짓된 혀가 없

으며 먹고 누울지라도 그들을 두렵게 할 자가 없으리라 슥 3:12-13

우리는 '남은 자'라는 말에서 찾을 수 있다. 하나님이 이른 비를 내리실 때 그분의 말씀 앞에 엎드리는 남은 자를 찾아 주님의 영광을 충만하게 해주신 것처럼, 늦은 비가 내리는 이 마지막 때에도 남은 자를 찾아 하나님의 영광을 드러내실 것이다. 사람들의 수는 중요하지 않다. 그들은 어떤 희생이 따르더라도 하나님을 사랑하고 순종할 것이다. 오늘날 전세계에 그런 하나님의 영광을 간절히 기다리며 부르짖는 그리스도인들이 있다. 하나님은 그들에게 영광을 부어주어 어두운 세상에서 하나님의 뜻과 은혜를 보여주실 것이다.

이 성전의 나중 영광이 이전 영광보다 크리라

만군의 여호와의 말이니라

내가 이곳에 평강을 주리라

만군의 여호와의 말이니라

_학 2:9

7
다가오는 영광

Walking with God

> 우리가 있었던 곳과 지금 있는 곳은 우리가 가게 될 곳이 아니다
> 우리는 눈을 들어 하나님의 다가오는 영광을 보아야 한다!

많은 그리스도인들이 늦은 비를 맞고 있다고 말하는 것을 들었다. 그들은 선지자들이 예견한 성령의 부어주심을 교회가 경험하고 있는 것처럼, 어느 날 예수님이 오셔서 우리를 데려가 주실 것처럼 말한다. 더러는 무지해서 그러기도 하지만 대개는 하나님이 역사하시는 동안 늦은 비라고 생각하기 쉽다. 하나님의 영이 놀랍게 역사하신다고 해서 반드시 늦은 비의 영광을 경험하고 있다고 말할 수는 없다.

우리는 많은 경우 하나님의 능력, 기름 부음, 은사를 수반하는 성령의 새로운 역사를 장차 다가올 하나님의 영광과 혼동한다. 그래서 다가오는 하나님의 영광을 보지 못한다.

어떤 사람들은 영적 나태함 때문에 그렇게 말하기도 한다. 그들은 하나님의 높은 소명을 향해 나아가는데 지쳐서, 하나님이 그들을 부르신 곳보다 훨씬 못 미치는 자리에 주저앉아버린다.

완전히 주저앉지는 않았지만 다른 편안한 길을 찾아서 목적 없이 방황하는 사람들도 있다. 이들은 타협, 세속적인 마음, 종교, 거짓된 연합이라는 길을 헤매고 있다. 이런 사람들은 어떤 경우든 인간의 영광에 만족하고 있으며, 결국 하나님의 영광이 나타나더라도 그 영광을 알아보지 못할 것이다.

어떤 사람들은 순전히 말로만 과장되게 하나님의 영광이 나타났다고 선포하는데 이것은 매우 불경한 행동으로 하나님은 "모조품에 만족하는 자들은 절대 진품을 보지 못할 것이다."라고 말씀하셨다. 하나님의 영광은 본래 마음을 새롭게 하고 기쁨을 주기 위한 것이지만, 그들이 그렇게 계속 불경한 자세를 취하면 그들은 심판을 받을 것이다.

하지만 이렇게 반박할 사람이 있을지도 모르겠다. "하지만 오늘날 하나님의 능력과 치유와 기적이 점점 더 크게 나타나고 있습니다." 정말 그럴지도 모르지만, 그것이 늦은 비를 가리킨다고 할 수 없다. 아직 하나님을 깊이 만나지 않은 사람들 안에서도 성령의 은사들이 역사할 수 있다. 심판 날에 많은 사람들이 그분께 나아와 주의 이름으로 마귀를 쫓아내고 예언하고 많은 기적을 행했다고 말할 것이나 주님은 "불법을 행하는 자들아 내게서 떠나가라!"고 말씀하실 것이다.

우리는 하나님께서 세상을 창조하신 목적을 기억해야 한다. 하나님이 아담을 에덴동산에 두신 것은 아담이 전세계로 나아가 설교하고, 사람들의 병을 고치고, 마귀를 쫓아내게 하시려는 것이 목적이 아니었다. 하나님은 아담을 동산에 두시고 그와 함께 거닐고 동행하기를 원하셨다.

우리는 하나님을 위해, 하나님의 영광과 공존하기 위해 창조되었다. 그러나 우리가 하나님을 기쁘게 해드리려면 우리 안에 불순종이 없어야 한다. 우리의 참된 영적 상태를 가늠하는 척도는 하나님의 뜻에 얼마나 순종하는가이다. 우리 삶에 기름 부음이 있어도 하나님의 마음에서 멀어져 있는 게 가능하다. 유다, 발람, 사울 왕을 생각해보라. 그들은 기름 부음을 받았으나 자신들의 이기적 동기 때문에 하나님의 영광을 누리지 못했다.

하나님께서 자녀들을 양육하시는 목적은 기적을 행하게 하시려는 것이 아니다. 하나님은 구약성경에서 발람의 당나귀를 통해 말씀하셨지만, 짐 나르는 짐승 안에 하나님의 영광이 머물지는 않았다. 하나님은 지난 6000년 동안 그분을 사랑하고 경외함으로써 순종하는 자녀들이 만든 성전, 하나님을 위한 성전을 위해 인내하며 역사해오셨다. 베드로는 "너희도 산 돌같이 신령한 집으로 세워지고"벧전 2:5라고 말했다. 바울은 "너희도 성령 안에서 하나님이 거하실 처소가 되기 위하여 그리스도 예수 안에서 함께 지어져 가느니라"엡 2:22고 단언했다.

우리는 솔직하게 우리의 마음속이 하나님의 성전으로서 그분의 영광을 맞이할 준비가 안 되었다는 것을 인정해야 한다.

우리의 마음은 어디에 있는가

이스라엘 역사에서 오늘날의 교회 상태와 비슷한 시기가 있었다. 이스라엘 백성에게 일어난 사건과 그들이 받은 교훈들은 장차 교회에 나타날 일들의 모형이요, 그림자였다. 70년 동안의 바벨론 포로기를 지낸 후 이스라엘 백성들은 약속의 땅(예루살렘)으로 돌아왔다. 하나님의 심판이 지나가고 회복이 시작되었고 이제 무너진 성벽과 성전을 다시 세울 때였다.

이스라엘 백성들이 돌아와 처음 재건을 시작할 때, 그들은 뜨거운 열정과 헌신으로 열심히 일했다. 그러나 시간이 지나 처음 성전재건을 시작할 때의 흥분이 점차 가라앉으면서 사람들은 열의를 상실했고 16년이 지나도록 성전재건을 마무리하지 못했다. 하나님의 집을 다시 세우는 것보다 개인적 관심사들이 우선시되었다. 자신의 일에 빠져 하나님을 섬기는 마음이 점차 식어갔다. 하나님이 중요하고 거룩하게 여기신 것들이 뒤로 밀려났.

하나님께서는 그런 백성들을 일깨우기 위해 학개 선지자를 일으키셨다. 그는 백성들에게 물었다. "이 성전이 황폐하였거늘 너희가 이때에 판벽한 집에 거주하는 것이 옳으냐"학 1:4. 이스라엘 백성들은 하나님만을 생각했던 마음이 자신들에게로 집중되면서 균형을 잃은 것이다. 이렇게 되면 하나님을 향한 열정과 열망은 자연히 수그러든다.

하나님은 선지자를 통해 그들이 만족을 얻지 못할 것이라고 말씀하셨다. "너희가 많은 것을 바랐으나 도리어 적었고 너희가 그것을 집으로 가져갔으나 내가 불어 버렸느니라 나 만군의 여호와가 말하노라 이것이 무슨 까닭이냐 내 집은 황폐하였으되 너희는 각각 자기의 집을 짓기 위하여 빨랐음이라 그러므로 너희로 말미암아 하늘은 이슬을 그쳤고 땅은 산물을 그쳤으며 내가 이 땅과 산과 곡물과 새 포도주와 기름과 땅의 모든 소산과 사람과 가축과 손으로 수고하는 모든 일에 한재를 들게 하였느니라"9-11절. 이스라엘 백성들이 수확을 해야 하는데 늦은 비가 내리지 않았다. 우리가 하나님 대신 '축복'을 구할 때마다, 하나님은 그 '축복'을 거두어 가심으로써 하나님을 다시 찾게 하실 것이다.

오늘날 우리가 처한 딜레마도 그만큼 곤란할까? 우리도 회복기에 살고 있다. 성경에 보면 만물이 회복될 때까지 예수님이 재림하시지 않는다고 말한다행 3:21 참조. 예수님은 성경에서 다시 오시기 전에 잃어버린 모든 것을 되찾을 것이라고 약속하셨다. 하나님은 구약 시대 이스라엘의 성전을 회복시키셨고, 이제 우리의 성전은 물리적인 것이 아니라 마음의 제단이다. 하나님의 성전인 우리의 마음은 회복되어 다시금 하나님의 영광을 위해 거룩한 질서를 되찾을 것이다.

이 회복의 때에 우리가 무엇을 구하는지 되돌아보아야 한다. 여러분들은 개인적인 성공을 이루어 편안하고 안락한 생활을 누리기 위해 주어진 시간의 대부분을 쏟고 있지는 않은가.

하나님은 나중에 구약의 마지막 선지자 말라기를 통해 다시 한 번 이스라엘에게 물으셨다. 말라기는 학개와 같이 회복기에 살았다. 그는 이렇게 외쳤다.

> 내 이름을 멸시하는 제사장들아 나 만군의 여호와가 너희에게 이르기를 아들은 그 아버지를, 종은 그 주인을 공경하나니 내가 아버지일진대 나를 공경함이 어디 있느냐 내가 주인일진대 나를 두려워함이 어디 있느냐 하나 너희는 이르기를 우리가 어떻게 주의 이름을 멸시하였나이까 하는도다 너희가 더러운 떡을 나의 제단에 드리고도 말하기를 우리가 어떻게 주를 더럽게 하였나이까 하는도다 이는 너희가 여호와의 식탁은 경멸히 여길 것이라 말하기 때문이라 만군의 여호와가 이르노라 너희가 눈먼 희생제물을 바치는 것이 어찌 악하지 아니하며 저는 것, 병든 것을 드리는 것이 어찌 악하지 아니하냐 이제 그것을 너희 총독에게 드려 보라 그가 너를 기뻐하겠으며 너를 받아 주겠느냐 말 1:6-8

하나님이 그 백성에게 물으셨다. "너희는 나를 주라 부르는데 나를 향한 공경함이 어디 있느냐?" 사람들은 자신을 위해 가장 좋은 것을 아껴두고 하나님께는 그 다음 것을 드렸다.

하나님은 백성들의 행동을 무례하고 불경하다고 책망하셨다.

하나님은 이스라엘 백성들이 자신의 잘못을 명확히 보도록 "나에게 바친 것을 너희 총독에게 드려보라."고 말씀하셨다. 많은 사람들이 하나님을 섬기듯 고용주를 위해 일한다면 일주일도 안 되어 쫓겨날 것이다.

우리가 하나님을 얼마나 공경하는지 살펴보도록 하자. 교회에 예배시간보다 20분 늦게 나온다. 그리고 예배드리는 동안 가만히 앉아서 지켜보며 목회자들과 섬기는 사람들을 비판한다. 십일조를 온전히 드리지도 않으면서 헌금이 어떻게 쓰이는지 늘 의혹의 눈으로 지켜본다. 예배가 끝나기도 전에 일어나 재빨리 식사하러 간다. 정기 예배에만 참석하면서 어쩌다 특별 집회라도 있는 날이면 불만을 토로한다. 날씨가 궂으면 불편하다는 이유로 교회에 안 나온다. 반대로 날씨가 좋으면 야외로 놀러간다. TV에서 제일 좋아하는 프로그램이나 드라마가 나오면 그것을 보느라 예배도 빼먹는다. 여러분들이 직장에서 이런 식으로 일한다면 얼마나 버틸 수 있겠는가?

교회에서 섬기는 많은 사람들과 사역자들이 과중한 업무에 시달리는 것은, 교회의 엄청난 업무를 함께 감당하려는 사람들이 부족하기 때문이다. 대다수의 교인들은 무언가를 받거나 구경꾼으로 올 뿐 결코 섬기러 오지 않는다. 그들은 주일 예배가 계획대로 정해진 시간에 끝나는지 시계를 보며 확인한다. 그리고 시간이 없다는 이유로 주중 기도 모임에는 참석하지 않는다. 그런 사람들은 자신의 생활수준을 유지하고 성공을 위해서는 오랜 시간 열심히 일한다. 섬기는 사람들이 부족하기 때문에 자연히 가난하고 궁핍한 성도들을 돌아보는 일은 더 소홀해진다. 이런 사람들은 가난한 사람들의 필요를 제대로 채워주지 못한다고 목회자나 과중한 사역에 시달리는 교회 직분자들을 비판한다.

하나님은 이런 혼란스러운 상황에 대해 다음과 같이 말씀하신다. "유다는 거짓을 행하였고 이스라엘과 예루살렘 중에서는 가증한 일을 행하였으며 유다는 여호와께서 사랑하시는 그 성결을 욕되게 하여 이방 신의 딸과 결혼하였으니 이 일을 행하는 사람에게 속한 자는 깨는 자나 응답하는 자는 물론이요 만군의 여호와께 제사를 드리는 자도 여호와께서 야곱의 장막 가운데에서 끊어 버리시리라" 말 2:11-12.

참된 지도자는 어디에 있는가

말라기와 학개는 참된 선지자들이었다. 그들의 예언으로 이스라엘 백성의 마음은 변화되었다.

그들의 하나님 여호와의 목소리와 선지자 학개의 말을 들었으니 이는 그들의 하나님 여호와께서 그를 보내셨음이라 백성이 다 여호와

를 경외하매학 1:12

백성들의 하나님을 향한 공경심이 회복되었다. 하나님을 경외할 때 항상 그분의 관심사와 소원들이 우리의 소원보다 우위에 있게 된다.

오늘날 우리에게는 학개나 말라기 같은 설교자들이 필요하다. 하나님을 기쁘게 하기 위해 대중의 인기를 기피하는 사람들이 필요하다. 우리들에게 정확한 말씀을 전해줄 설교자들, 즉 사람들이 듣고 싶어하는 말과 정반대가 되더라도 그들이 꼭 들어야 할 말씀을 전해줄 사람들이 필요하다. 그러나 많은 목회자들이 사람들의 입맛에만 맞는 글을 쓰고 설교를 한다. 오늘날 자신의 메시지가 사람들에게 환영받지 못하더라도 오직 하늘나라에서만 환영받기를 바라는 설교자들은 어디에 있는가?

순회 설교를 하다 보니 어떤 때는 주최측에서 내게 설교시간을 제한할 때가 있다. 주로 1시간 반 내에 끝내달라는 부탁을 받는다. 대형 교회에서는 이런 부탁을 더 자주 한다. 물론 성령님이 예배 가운데 나타나시지 않으면 1시간 반이 넘는 시간 동안 예배드릴 이유가 없다. 솔직히 성령님이 함께하시지 않으면 그 시간도 매우 길다.

최근 어느 대형 교회에서 집회를 하는데, 담임목사가 예배를 1시간 반 안에 끝내달라고 부탁했다. 나는 그 목사의 지위를 존중하는 뜻에서 다음과 같이 말했다. "성령님께서 일하시는 시간을 제한하기 원하십니까? 만약 시간을 제한한다면 하나님의 참된 역사가 나타나지 않을지도 모릅니다." 담임목사는 내 말에 수긍하며 이렇게 말했다. "좋습니다. 하지만 2시간 안에는 끝내주시기 바랍니다."

월요일 저녁에 드린 마지막 예배에서 나는 아주 강한 메시지를 전했다. 회중들에게 회개 요청을 하자 약 80퍼센트의 사람들이 앞으로 나왔다. 그러나 시간이 다된 것을 알고 나는 마무리 기도를 하고 예배를 마쳤다.

이튿날 아침 일찍 나는 급하게 집으로 돌아왔다. 그런데 집으로 돌아온 다음날 그 교회의 담임목사에게서 전화가 왔다.

"목사님께서 교회 임원들을 위해 기도해주실 거라 생각했는데 아쉽습니다."

"저도 그러려고 했는데 시간이 없어서요."

그러자 목사는 이렇게 말했다. "목사님, 그날 집에 가니까 아내가 거실 한복판에 주저앉아 울고 있었어요. 저를 보고 '우린 하나님을 놓쳐버렸어요. 그 집회는 계속되어야 했어요.'라고 하더군요. 우리는 하루 종일 삶이 변화되었다고 간증하는 성도들의 전화를 받았어요. 다른 교회 교인들이 전화를 걸어와 '하나님께서 그 교회에서 무슨 일을 하고 계신다고 들었습니다. 오늘밤 예배가 있습니까?'라고 묻기도 했습니다. 제가 왜 목사님의 시간을 제한했는지 모르겠습니다. 하나님께서 저를 일깨워주셨어요."

나는 하나님이 그분의 자녀들 몸 위에 세우신 권위를 내가 존중할 때 기뻐하신다는 것을 알게 되었다. 그 교회의 담임목사는 가능한 빨리 돌아와 일주일간 집회를 인도해달라고 부탁했다. 성령을 제한하던 목사들이 그와 같이 열린 마음을 갖게 되면 얼마나 좋을까.

하나님은 예레미야를 통해 이런 불경한 자세를 한탄하셨다.

> 이 땅에 무섭고 놀라운 일이 있도다 선지자들은 거짓을 예언하며 제사장들은 자기 권력으로 다스리며 내 백성은 그것을 좋게 여기니 마지막에는 너희가 어찌하려느냐렘 5:30-31

교회에서 소위 '말씀을 받은 자들'이 하나님의 백성들에게 실제로 위로를 주지 못하는 경우가 많다. 그저 축복의 약속으로 사람들에게 일시적 위안만 줄 뿐이다. 그리고 사람들은 축복의 약속대로 이루어지지 않아 낙심에 빠진다.

이스라엘 백성들은 학개와 말라기의 메시지를 통해 하나님의 마음으로 되돌아갔다. 그들의 예언적인 말은 하나님을 향한 건전한 경외심을 회복시켜주었고 그것은 순종으로 이어졌다.

내가 참으로 안타까운 것은, 많은 설교와 개인적 예언들이 하나님의 자녀들 마음속에 잘못된 태도와 신념을 심어주고 있다는 사실이다. "하나님은 당신이 행복하기를 원하신다. 하나님은 당신이 복 받기를 원하신다! 성공적인 라이프스타일이 당신을 기다리고 있다!" 신약성경에 나오는 개인적인 예언들을 한번 연구해보라. 신약성경에서는 대부분 하나님께 영광을 돌리려 하는 사람들이 당할 결박과 환난, 죽음을 이야기하고 있다 요 21:18-19; 행 20:22-23, 21:10-11 참조. 오늘날의 개인적인 예언들과 얼마나 다른가!

목회자들이 성령님의 인도에 순종하기보다 권력으로 다스릴 때 능력 없는 말씀이 선포된다. 성령님께 1시간 반만 드릴 테니 예배를 그 시간 안에 다 마쳐달라고 말하는 것은 매우 무례한 일이다.

사역자들이 엄격한 패턴을 따르고 하나님의 조언을 구하지 않은 채 결정을 내릴 때 하나님은 분노하신다. 사람이 아니라 하나님을 두려워하고 경외하며 그분의 뜻에 따르는 우리의 마음이 필요하다.

이방인에게도 계시하시는 하나님

다시 학개로 돌아가 보자. 이스라엘 백성들의 마음속에 하나님을 경외하는 마음이 회복되었고, 그들의 초점은 다시 하나님께 돌아갔다. 그러자 학개는 성전의 현 상태를 지적했다.

> 너희 가운데에 남아 있는 자 중에서 이 성전의 이전 영광을 본 자가 누구냐 이제 이것이 너희에게 어떻게 보이느냐 이것이 너희 눈에 보잘것없지 아니하냐 학 2:3

나는 하나님이 우리에게도 똑같이 물으신다고 믿는다. "너희 중에 교회의 이전 영광을 기억하는 자가 얼마나 되느냐? 지금에 비하면 그것이 어떠하냐? 하나님의 성전인 우리와 비교하면 어떠하냐?"

사도행전에 나타난 교회의 영광은 오늘날과 달랐다. 이른 비가 내린 첫째날 오순절에 예루살렘에 모인 수많은 사람들의 관심을 사로잡은 강력한 힘이 나타났다. 그 시절에는 라디오도 텔레비전도 없었다. 사실 어떤 모임도 사전에 계획되지 않았다. 다만 하나님이 아주 강력하게 그분을 계시하시므로 수많은 사람들이 기름 부음 받은 베드로의 말을 들었고 수천 명이 구원을 받았다. 이는 교회나 공회당, 경기장이 아니라 길거리에서 이루어진 모임이었다.

기도 시간에 베드로와 요한이 성전으로 가는데 나면서부터 걷지 못한 이를 보았다. 그는 매일 그 자리에서 구걸했는데 베드로가 "예수님의 이름으로 걸으라" 하고 그 사람을 잡아 일으키자 그 자리에서 치유되었다 행 3:6-7. 어느새 수많은 무리가 모여 들었고 베드로가 설교하자 5,000여 명이 구원을 받았다. 순식간에 교인 수가 120명에서 8,000명을 넘어섰다.

그때 예루살렘에서는 교회에 대한 박해가 심해져서 믿는 자들은 유대와 사마리아 지방으로 뿔뿔이 흩어졌다. 그 가운데 한 사람이 빌립인데, 그는 과부를 구제하는 일을 맡았던 사도로 사마리아에 가서 복음을 전했다. 온 도시가 그의 설교를 들었고, 그가 행한 큰 기적을 보자 수많은 사람들이 모여 들었다. 성경에 "그 성에 큰 기쁨이 있더라"행 8:8고 기록될 만큼 성령의 역사가 매우 크게 나타났다.

빌립은 하나님의 사자로부터 광야로 가라는 말씀을 들었고, 거기서 에티오피아의 높은 권위자를 만났다. 빌립은 그를 예수님께 인도하고 세례를 주었다. 주의 영이 빌립을 다시 이끌어 가시므로 광야에서 아소도라는 도시로 옮겨갔다.

베드로는 룻다라는 도시로 갔다. 거기서 8년 동안 중풍으로 누워 지낸 애니아라는 사람을 만났는데 베드로가 예수님의 이름으로 말하자 그가 병이 나아 자리에서 일어났다. 성경은 "룻다와 사론에 사는 사람들이 다 그를 보고 주께로 돌아오니라"행 9:35고 증거한다. 두 도시의 사람들이 구원받은 것이다!

하나님은 이방인들 사이에서 힘있게 역사하셨다. 그리스도인들이 가는 곳마다 온 도시가 영향을 받았다. 성경에서는 이 그리스도인들을 "천하를 어지럽게 하던 이 사람들"이라고 표현하였다행 17:6. 하나님의 말씀과 능력으로 육체와 마음의 회복이 일어나고 있었지만 믿지 않는 이들에게는 위협적으로 느껴졌던 것이다.

하지만 "두 해 동안 이같이 하니 아시아에 사는 자는 유대인이나 헬라인이나 다 주의 말씀을 듣더라"행 19:10고 기록될 만큼 하나님의 영광이 강력하게 나타났다.

'아시아에 사는 자는… 다 주의 말씀을 듣더라.' 불과 2년 만에 아시아에 사는 사람들이 하나님의 말씀을 들었다. 아시아는 광범위한 지역이다! 어떠한 전달매체도 없던 시절에 말씀은 퍼져 나갔고 초대 그리스도인들이 복음을 선포했을 때 모든 사람이 복음을 들었다.

온 세계에 내릴 하나님의 영광

성령의 이른 비가 내리는 동안 사도행전의 교회가 얼마나 영광스러웠는지 희미하게나마 보았는가? 사도행전에 비하면 오늘날 교회는 어떤가? 우리는 정말 아무것도 아니지 않은가? 솔직히 말하면 이 질문에 '예.' 라고 대답할 수밖에 없다.

오늘날의 교회를 어찌 사도행전의 영광스러운 교회와 비교할 수 있겠는가? '자원'은 더 많아졌지만 '근원'은 더 부족해진 것 같다. 책이나 텔레비전, 컴퓨터, 위성기술을 반대하는 것이 아니다. 이들은 모두 훌륭한 자원이다. 하지만 근원으로부터 힘을 부여받지 못하면 그런 것들도 아무 소용이 없다. 하나님만이 모든 자원의 근원이시다.

하나님은 우리의 비전을 키워주려고 도전하신다. 그런데 우리는 목적지에 도달했다고 생각하는 순간 앞으로 더 나아가려는 열망을 누그러뜨린다. 열정과 모험심에 대한 기대도 저버린다. 그러나 하나님은 우리에게 무엇이 필요한지를 보여주심으로써 그분이 예언하신 비전을 이루기 위한 길을 여신다. 하나님 말씀을 읽고 그분의 비전을 보자.

> 이 성전의 나중 영광이 이전 영광보다 크리라 만군의 여호와의 말이니라 학 2:9

하나님께서는 사도행전에 나타나신 것보다 더 큰 영광이 나타날 것이라고 말씀하신다! 이것은 기쁘고 가슴 설레는 선언이다.

사실 몇 년 전 기도하는 중에 들려주신 하나님 말씀에 깜짝 놀란 적이 있었다. "존, 앞으로 나타날 나의 영광은 사도행전에서 사람들이 경험한 것보다 일곱 배는 더 클 것이다!"

나는 소리쳤다. "하나님, 믿기지도 않고 이해할 수도 없습니다! 지금 저에게 말씀하시는 분이 하나님이시라는 것을 확인하기 위해 성경말씀을 찾아보겠습니다."

나는 자주 이렇게 외쳤는데, 하나님은 나를 한번도 책망하신 적이 없었다. 나는 성경에서 "두세 증인의 입으로 말마다 확정하리라"고후 13:1라는 말씀을 찾았다. 성령님은 확정된 말씀과 모순되는 말씀을 하지 않으신다. 하나님은 바로 내 마음속에 성경구절을 생각나게 하심으로 응답해주셨다. 그것도 두세 구절이 아니라 아주 많은 구절을 통해 응답해주셨다.

하나님은 먼저 이렇게 말씀하셨다. "존, 내가 성경에서 도둑이 잡히면 일곱 배로 갚아야 한다고 하지 않았느냐잠 6:31. 성경에는 만물이 회복될 때까지 하늘이 예수님을 받아두어야 한다고 기록되어 있다. 도둑이 일곱 배로 갚아야 하는 것처럼 나 역시 일곱 배로 갚아줄 것이다!"

하나님은 계속 말씀하셨다. "존, 내가 성경에서 내 백성을 대적해 일어나는 원수들을 패배시키겠다고 하지 않았느냐? 그들이 한 길로 너를 치러 들어왔으나 네 앞에서 일곱 길로 도망하리라"신 28:7. 그리고 전도서의 구절을 인용해 물으셨다. "존, 성경에 '일의 끝이 시작보다 낫다' 전 7:8고 하지 않았느냐? 교회 시대의 끝도 시작보다 훨씬 나을 것이다."

하나님은 다시 한 번 물으셨다. "존, 내가 가나안 혼인잔치에서도 제일 좋은 포도주를 마지막을 위해 남겨두지 않았느냐?"요 2:1-11 성경에서 포도주는 하나님의 실제적 임재를 나타낸다.

하나님은 나중에 그 진리를 마음속에 굳건하게 하는 성경구절을 보여주셨다. 이사야 30장은 백성들이 애굽의 세력(세상의 조직)

속에서 얼마나 스스로 강해지려고 애썼는지를 말해준다. 그들은 세상이 좇는 우상들을 의지하려 했다. 그러므로 하나님께서는 그들을 정결케 하시기 위해 시련과 역경을 허락하실 수밖에 없었다. 이 과정에서 그들은 우상을 버리고 온전히 하나님께 돌아섰다. 이렇게 되자 하나님이 말씀하셨다.

> 네가 땅에 뿌린 종자에 주께서 비를 주사 사 30:23

이사야 역시 요엘, 베드로, 야고보가 말한 성령의 비를 언급한 것이다. 이사야는 계속해서 증언했다.

> 여호와께서 자기 백성의 상처를 싸매시며 그들의 맞은 자리를 고치시는 날에는 달빛은 햇빛 같겠고 햇빛은 일곱 배가 되어 일곱 날의 빛과 같으리라 사 30:26

자연의 햇빛은 비가 내릴 때 일곱 배나 밝게 비추지 못한다. 하나님은 성경에 "공의로운 해"말 4:2라고 언급된 예수님의 영광을 묘사하고 계신 것이다. 예수님이 재림하시기 직전에 하나님의 영광은 일곱 배나 더 크게 나타날 것이다.

하나님의 영광의 늦은 비는 하나님의 백성들뿐 아니라 그 주변 사람들의 마음까지도 새롭게 해줄 것이다. 나는 하나님이 역사하심으로써 매일 밤 수천 명이 참석하는 큰 집회들을 보았다. 그런데 성도들, 배교자들, 죄인들이 모두 참석해도, 주변 도시에 영향을 미치지 못하는 집회도 종종 있었다. 나는 예배를 드리러 가면서 언제쯤이면 온 도시에 영향을 미치게 될까 생각했다. 집회들은 너무도 훌륭하지만, 나는 여전히 늦은 비를 기다리고 있다.

늦은 비는 과거에 있었던 부흥들과 다르다. 과거의 부흥은 한 도시 또는 아주사나 웨일즈 같은 한 지방에만 영향을 미쳤다. 물론 여러 나라에 영향을 미치기도 했지만, 그 부흥에 참여하려면 반드시 그곳으로 가야 했다. 이제 사도행전에서는 제자들이 가는 곳마다 하나님의 영광이 나타났다. 하지만 늦은 비는 온 세계에 쏟아질 것이다!

나는 흥분된 마음으로 이렇게 선언한다. 우리가 있었던 곳과 지금 있는 곳은 앞으로 가게 될 곳과 다르다! 우리는 눈을 들어 멀리 바라보며 다가올 하나님의 영광을 기다려야 한다!

주와 같은 신이 어디 있으리이까

주께서는 죄악과 그 기업에 남은 자의 허물을 사유하시며

인애를 기뻐하시므로 진노를 오래 품지 아니하시나이다

_미 7:18

8
늦은 비의 영광

Walking with God

> 주의 백성들이 주의 영광을 맞이하도록
> 준비시킴으로써 주의 길을 예비하라!

우리는 하나님이 주시는 영광의 비를 향해 빠른 속도로 달려 나아가고 있다. 하나님은 극적으로 성령을 부어주셨는데, 그후 몇 년이 지나자 수그러들었다. 나는 늦은 비가 갑자기 쏟아질 때에는 빠른 회복과 부흥이 우리에게 임할 것이라고 믿는다. 첫번째 비가 갑자기 내렸다면, 늦은 비가 내릴 때는 빠른 회복이 있을 것이다.

모세와 다윗 왕을 생각해보자. 모세는 하나님의 질서를 보여주는 성막을 지었다. 그러자 하나님의 크신 영광이 나타났다. 모세가 일을 마치자마자 성막은 하나님의 영광의 짙은 구름 속에 파묻혔다.

앞에서도 언급했지만 이 영광은 결국 하나님을 향한 죄와 사람들의 무관심 때문에 점차 약해졌다. 마침내 이스라엘이 엘리의 지도하에서 최악의 상태에 이를 때까지 하나님의 영광은 희미해져갔다. 하나님의 등불은 거의 꺼져갔고 영광도 떠났다.

엘리와 그의 아들들이 죽던 날, 블레셋 사람들이 하나님의 궤를 빼앗아 그들의 신 다곤이 있는 아스돗이라는 도시로 가져갔다. 그들은 하나님의 궤를 다곤의 신전에 가지고 들어가서 다곤 곁에 두었다. 그러자 하나님의 손이 다곤을 쳐서 다곤 상이 하나님의 궤 앞에서 쓰러져 머리와 손이 부러진 것이다. 블레셋 사람들은 다섯 차례나 궤를 옮겼지만, 궤를 가져가는 곳마다 그 지역의 블레셋 사람에게 독한 종기가 나거나 죽는 일이 생겼다. 도시가 얼마나 황폐되었는지 다섯번째 도시에서는 성읍의 부르짖음이 하늘에 사무쳤다고 했다 삼상 5장 참조.

마침내 일곱달 후 블레셋 지도자들이 제사장들과 복술자들을 한데 불러모아 하나님의 궤를 어떻게 이스라엘로 돌려보낼지 결정을 내렸다. 그들은 속건제로 금독종 다섯과 금쥐 다섯 마리를 드림으로써 이스라엘의 하나님을 공경하려 했다. 이 제물은 그들의 다섯 개 도시와 방백을 나타내는 것이었다.

그들은 하나님의 징계가 거두어지기를 간절히 바라며 제물과 수레를 준비했다. 금으로 만든 물건들을 상자에 담은 다음, 궤를 새 수레에 싣고 제물은 그 옆에 두었다. 수레는 막 송아지를 낳은 두 마리의 소가 끌게 하고 송아지들은 우리로 돌려보냈다. 블레셋 사람들은 이렇게 생각했다. '만일 소들이 송아지의 울음소리를 듣고도 수레를 끌고 간다면 우리를 치신 이는 하나님이실 것이다.' 소들은 궤를 이끌고 곧바로 이스라엘 땅으로 들어갔다. 궤는 그후 20년 동안 기럇여아림이라는 도시에 있는 아비나답의 집에 안전하게 보관되었다.

경외함으로 하나님의 영광에 참여하라

다윗이 왕위에 올랐다. 다윗의 마음은 하나님을 찾았고, 이스라엘에 하나님의 영광이 돌아오기를 갈망했다. 그러나 하나님의 영광은 모세 때와 같은 방식으로 나타나지 않았다. 즉 갑작스럽고 강력한 것이 아니라 천천히 회복되는 과정으로 나타났다.

회복과정은 사무엘 선지자로부터 시작되었다. 하나님은 사무엘에게 백성들의 마음을 하나님께 돌아오게 함으로써 길을 예비하라고 명하셨다.

> 사무엘이 이스라엘 온 족속에게 말하여 이르되 만일 너희가 전심으로 여호와께 돌아오려거든 이방 신들과 아스다롯을 너희 중에서 제거하고 너희 마음을 여호와께로 향하여 그만을 섬기라 그리하면 너희를 블레셋 사람의 손에서 건져 내시리라 삼상 7:3

왕위에 오른 다윗은 블레셋 사람들을 물리치고 예루살렘을 점령했다. 다윗은 궤를 원래 있던 곳으로 가져오고 싶었다. "다윗이 천부장과 백부장 곧 모든 지휘관과 더불어 의논하고"대상 13:1. 그들은 이 일을 위해 이스라엘 백성들과 의논했다. "뭇 백성의 눈이 이 일을 좋게 여기므로 온 회중이 그대로 행하겠다 한지라"4절.

> 그들이 하나님의 궤를 새 수레에 싣고 산에 있는 아비나답의 집에서 나오는데삼하 6:3

궤를 '새 수레'에 실어 예루살렘으로 가져오겠다는 발상은 어디서 나왔을까? 블레셋 사람들이 궤를 이스라엘로 돌려보낼 때 했던 방식과 똑같지 않은가?

아비나답의 아들 웃사와 아효가 수레를 몰았다. "다윗과 이스라엘 온 족속은 잣나무로 만든 여러 가지 악기와 수금과 비파와 소고와 양금과 제금으로 여호와 앞에서 연주하더라"5절. 역대상 13장 8절은 그들이 힘을 다해 이 일을 했다고 말한다. 그러나 무슨 일이 일어났는가?

> 그들이 나곤의 타작마당에 이르러서는 소들이 뛰므로 웃사가 손을 들어 하나님의 궤를 붙들었더니 여호와 하나님이 웃사가 잘못함으로 말미암아 진노하사 그를 그곳에서 치시니 그가 거기 하나님의 궤 곁에서 죽으니라삼하 6:6-7

'잘못함'이라는 단어는 '불경함'이라는 단어와 연관되어 있다(뉴킹제임스 성경 참조). 그래서 다르게 번역하면 '하나님이 웃사의 불경함 때문에 진노하사 그를 치셨다.'고 할 수 있다!

불과 한 세대 전에 엘리의 아들들이 궤가 있는 성막문 앞에서 간음죄를 범했음에도 참으셨던 하나님을 생각하면 정말 놀라운 일이다. 그들의 불경함에 비하면 하나님의 궤를 안전하게 붙잡으려고 손을 내밀었던 웃사의 잘못은 아무것도 아니지 않은가. 부도덕한 제사장들도 잘못된 행위에 대해 즉시 심판을 받지 않았는데 웃사는 그 자리에서 죽었다. 왜 그는 그렇게 죽어야 했을까?

엘리의 아들들의 경우에는 하나님의 영광이 떠난 상태였지만 웃사의 경우에는 하나님의 영광이 돌아오고 있었다. 하나님의 영광이 강하게 나타날수록 불경함에 대한 하나님의 심판도 더 신속하고 엄격하게 임한다.

하나님이 원하시는 방법을 구하라

여호와께서 웃사를 치시므로 다윗이 분하여 그곳을 베레스웃사라 부르니 그 이름이 오늘까지 이르니라 다윗이 그날에 여호와를 두려워하여 이르되 여호와의 궤가 어찌 내게로 오리요 하고 삼하 6:8-9

다윗과 이스라엘 백성들에게 열정이 부족했던 것은 아니었다. 궤를 이스라엘로 가져오기 위해 많은 준비를 했다. 일단 궤가 이스라엘 손에 들어오자 백성들은 정성을 다해 음악을 연주했다. 그들은 궤를 새 수레에 실음으로써 하나님을 공경하고 있다고 생각했다. 그러니 하나님께서 수레 모는 사람들 중 한 사람을 치셨을 때 다윗이 얼마나 충격을 받았을지 짐작이 간다.

다윗의 충격은 곧 분노로 변했다. 다윗은 이렇게 생각했을 것이다. '하나님은 왜 이렇게 하신 걸까? 우리의 열정을 왜 몰라주시고 그런 심판을 내리신 걸까? 하나님을 높이기 위해 내가 알고 있는 일을 다 했는데 나의 최선을 받아주지 않으셨어!' 많은 생각 끝에 그의 분노는 다시 두려움으로 바뀌었다. 다윗은 하나님을 두려워하게 되었다(이것은 하나님을 경외하는 것과 다르다. 두려워하는 사람들은 하나님을 멀리하지만, 경외하는 사람들은 하나님을 향해 가까이 나아간다. 이 문제는 뒤에서 다시 이야기할 것이다).

다윗은 이런 의문이 생겼다. '최선을 다한 나의 마음이 하나님께서 받으실 수 없는 것이라면 도대체 어떻게 해야 하나님의 궤가 이스라엘로 올 수 있을까?'

나는 하나님께 실망하거나 분노가 치밀 때면 재빨리 나의 지식이나 이해가 부족하기 때문이라고 생각했다. 하나님의 길은 늘 완벽하기 때문이다. 내게 아무리 큰 열정이 있어도 지식이 부족할 수 있다. 열심과 열정이 지혜와 지식으로 조절되지 않으면 늘 문제가 생긴다. 이와 더불어 하나님을 알려고 노력하는 것이 곧 나의 책임이라는 사실도 잠언을 통해 깨달았다 잠 2:1-5.

한편, 다윗은 하나님께 화를 냈지만, 사실은 그들에게 지식이 부족했기 때문에 잘못 행함으로 심판이 내려진 것이다. 성경에서는 모세를 통해 이 부분에 대해서 명확하게 설명하고 있다.

> 이는 곧 너희의 하나님 여호와께서 너희에게 가르치라고 명하신 명령과 규례와 법도라 너희가 건너가서 차지할 땅에서 행할 것이니 곧 너와 네 아들과 네 손자들이 평생에 네 하나님 여호와를 경외하며 내가 너희에게 명한 그 모든 규례와 명령을 지키게 하기 위한 것이며 또 네 날을 장구하게 하기 위한 것이라 신 6:1-2

모세는 하나님의 명령을 분명히 전달했다. 우리들이 하나님을 경외하려면 다른 무엇보다도 하나님의 도를 알고 순종해야 한다. 하나님은 이스라엘 자손들에게 명령을 주셨을 뿐 아니라 왕에게도 특별한 명령을 주셨다.

> 그가 왕위에 오르거든 이 율법서의 등사본을 레위 사람 제사장 앞에서 책에 기록하여 평생에 자기 옆에 두고 읽어 그의 하나님 여호와 경외하기를 배우며 이 율법의 모든 말과 이 규례를 지켜 행할 것이라 신 17:18-19

왕은 매일 하나님 말씀을 읽어야 했다. 하나님의 지혜와 영광이 마음속에 확고히 자리잡아야 인간의 생각보다 하나님의 뜻을 더 중시하기 때문이다. 다윗이 명령대로 매일 말씀을 읽었다면 다윗과 신하들은 잘못을 피할 수도 있었다.

다윗과 신하들은 궤를 가져올 방법에 대해 의논했다. 그들은 모세로부터 전해 내려온 기록된 하나님의 말씀을 참고했다는 언급은 없다. 만일 다윗과 제사장들이 하나님의 말씀을 읽었다면, 하나님의 궤는 레위인만 지고 갈 수 있다는 것, 수레에 실어 나르는 것이 아니라 채에 걸어서 어깨에 메고 가야 한다는 것을 알았을 것이다출 25:14; 민 4:15, 7:9. 이런 지식이 부족했기 때문에 이스라엘 백성이 이방인(세상)의 방식을 모방한 것이다.

그들이 하나님의 말씀을 구하지 않았기 때문에, 결국 하나님의 영광이 다시 인간의 수준으로 떨어졌다. 그들은 하나님께 영감을 받는 대신 사람들을 모방했다. 그들에게 뜨거운 열정은 있었지만 방법은 불경했다.

세상 문화의 흔적이 묻어 있는 우리의 영감

오늘날 우리도 똑같은 잘못을 범하고 있다. 우리는 때로 사람들과 함께 사역의 아이디어를 생각한다. 알게 모르게 문화 풍조에 영향을 받은 의견을 모으고, 우리의 한정된 지혜의 우물에서 물을 길어 올렸다. 이런 풍조는 하나님이 뜻을 계시해주실 때까지 기다리는 것보다 훨씬 접근하기 쉬운 방식이다. 그러나 새롭고 신선한 아이디어들이 많이 등장하지만, 우리의 영감이 어디서 나오는지 항상 알아야 한다. 우리는 하나님에 대한 지식 대신 중생하지 않은 사람으로부터 얻을 수 있는 방법을 택했다.

성경에서 보듯이, 음악은 하나님의 임재를 위한 분위기를 조성하는데 아주 중요하다. 그런데 몇 년 전부터 CCM에서 세상의 음악을 자주 느낀다. 세상이 하드록을 부르면 교회도 따라 부른다. 랩이 사람들의 관심을 끌면 기독교 예술가들도 모방을 한다. 물론 가사는 다르지만 비트나 표현방식은 똑같다.

어떤 사람들은 이렇게 주장했다. "우리는 잃어버린 자들에게 다가가기 위해 음악을 사용하고 있는 겁니다. 그러니 죄인들의 마음을 움직일 수 있는 음악을 만들어야 합니다." 이 말은 어느 경우에는 맞다. 그러나 청년들이 지나치게 세상의 자극을 받으면, 그들에게 가장 필요한 하나님을 멸시하는 경향이 생긴다. 참으로 감사한 것은, 오늘날 교회에서도 받아들여지고 세상에도 영향을 미치는 아름답고 진실한 기독교 음악이 있다. 하나님께서 세상의 방법과 타협하지 않으면서 우리를 하나님께 다가가게 해줄 젊고 경건한 기독교 음악가들을 계속 일으켜주시기를 바란다.

사람들은 즐기는 것을 좋아한다. 어떤 교회들은 세상과 똑같은 방식으로 사람들의 관심을 끌려고 한다. 이런 관행에서 소위 '구도자를 위한' 또는 '구도자에게 민감한' 교회들이 탄생했다.

이런 교회들에서 설교해본 결과 종종 '구도자에게 민감한 교회'가 '하나님께는 둔감한 교회'가 될 수 있다는 사실을 알았다. 이런 교회들이 많은 사람들을 끌어 모을지는 모르나, 하나님의 마음을 상하게 하는 것을 감수할 만큼 가치 있는 일인지는 의문스럽다.

나는 전에 교인들을 즐겁게 해주기 위해 연간 수천 달러를 사용하는 교회에서 설교한 적이 있다. 그 교회 청년들은 핀볼 게임, 에어 하키, 심지어 닌텐도 게임까지 즐긴다. 그러면서 목회자들은 왜 청년들에게 하나님의 역사하심이 나타나지 않는지 의아해한다. 교회의 출석 교인수는 많아지고 있지만, 청년들의 삶 속에 나타나야 할 성령의 열매는 찾을 수 없었다.

이런 문화적 영감은 목회자들뿐만 아니라 많은 그리스도인들에게도 영향을 미쳤다. 우리 사회의 많은 사람들은 자기들과 의견이 같을 때만 권위를 존중한다. 어떤 자동차 범퍼 스티커에 이런 문구가 있다. "권위에 의문을 제기하라!" 이것은 세상의 사고방식을 대변하지만, 문제는 몇몇 교회에서도 이런 사고방식을 받아들였다는 것이다. 그들은 자기들의 의견과 서로 같을 때만 권위를 존중하고 복종한다. 어쩌면 하나님 나라가 민주주의로 바뀌었다고 생각할지도 모른다. 이런 태도가 하나님께서 허락하신 권위를 넘어서까지 확대될까봐 걱정스럽다. 그러면 사람들은 권위를 대하는 냉담한 태도로 하나님을 바라볼 것이다. 그들은 하나님이 하시는 일이 마음에 들면 주님을 찬양하고, 마음에 들지 않으면 불평할 것이다!

예를 들자면 끝도 없이 많다. 중요한 것은 우리가 주님을 섬기는 많은 방법들이 세상의 영향을 받고 있다는 것이다. 결국 우리는 어떤 방법들을 택해야 할 것인가?

보배를 찾듯 하나님을 찾을 때 열리는 생명의 문

하나님께 그분의 영광을 회복시켜달라고 부르짖는 사람들이 있다. 그들은 늦은 비를 내려달라고 기도하며 슥 10:1 하나님의 정결케 하시는 과정에 복종하며 시련을 겪을 때도 불평하지 않는다. 그들은 거친 광야를 지날 때도 하나님만을 바라본다.

이들은 편안함과 성공을 추구하는 사람들과 정반대에 있다. 한편 그 중간쯤에 속한 사람들도 있다. 그들은 하나님의 임재를 원하지만, 다윗처럼 열정은 있으되 지식은 부족한 사람들이다. 그들은 자기 방식대로, 자신의 지혜에 의존해서 하나님을 따른다.

하나님의 영광이 무엇인지 깨닫지 못한 채 자신이 규정한 자기 방식의 하나님의 영광을 갈망한다. 하나님의 역사하심을 바란다면 우리를 책망과 교훈으로 바르게 하여 거룩함으로 인도하는 성경말씀을 경시해서는 안 된다. 호세아가 전하는 말씀을 살펴보자.

> 그러므로 우리가 여호와를 알자 힘써 여호와를 알자 그의 나타나심은 새벽빛같이 어김없나니 비와 같이, 땅을 적시는 늦은 비와 같이 우리에게 임하시리라 하니라 호 6:3

호세아는 주님의 영광스러운 나타나심을 아침에 태양이 뜨는 것처럼 확실한 일이라고 확신하였다. 우리의 준비된 상태와 상관없이 정해진 때가 있다. 그렇기 때문에 우리는 여호와를 아는 일에 힘써야 한다. 다윗과 그의 신하들은 하나님의 임재를 갈망하였으나 하나님에 대한 지식이 부족했다. 하나님에 대한 지식만 있었어도 웃사가 즉사하는 일은 없었을 것이다. 하나님에 대해 아는 것은 오늘날도 필요한 일이다. 다음은 우리를 향한 권고의 말씀이다.

> 내 아들아 네가 만일 나의 말을 받으며 나의 계명을 네게 간직하며 네 귀를 지혜에 기울이며 네 마음을 명철에 두며 지식을 불러 구하며 명철을 얻으려고 소리를 높이며 은을 구하는 것 같이 그것을 구하며 감추어진 보배를 찾는 것 같이 그것을 찾으면 여호와 경외하기를 깨달으며 하나님을 알게 되리니 잠 2:1-5

하나님께로 가는 생명의 길이 분명히 밝혀졌다. 사람들은 집 어딘가에 수억 원이 감춰져 있다고 들었다면, 그 돈을 찾을 때까지 집안을 샅샅이 뒤질 것이다. 필요하면 카펫을 걷어내고, 벽지도

뜯어내고, 심지어는 집을 헐어버릴 수도 있다. 그런데 그보다 훨씬 더 귀중한 생명의 말씀에 대해서는 어떠한가!

세상에 뜻을 둘 때는 사람들의 지혜와 말에 의지한다. 사람들이 말하는 신념과 가치관을 따라 하나님을 재단하며 남에게 가르치기까지 한다. 그러나 말씀에 기반하여 하나님을 알려고 힘쓰지 않으면 웃사와 같은 일이 벌어질 것이다. 마음에 선한 의도가 가득하나 실질적으로는 하나님의 영광을 해치는 것이다.

하나님의 영광이 더 크게 나타나면, 아나니아와 삽비라 사건과 비슷한 일이 일어났다는 소식을 들을지도 모른다. 이것은 하나님이 바라시는 일도 아니고, 하나님의 영광을 회복하기 위한 방법도 아니다. 그런 심판은 단지 하나님의 크신 영광을 마땅히 경외하고 높이지 않았을 때 나타나는 결과일 뿐이다. 하나님의 영광을 멸시하거나 경외하지 않을 때마다 심판은 있을 것이다.

굳건한 마음으로 말씀 위에 서라

야고보서를 보면 다음과 같은 경고가 나온다.

> 그러므로 형제들아 주께서 강림하시기까지 길이 참으라 보라 농부가 땅에서 나는 귀한 열매를 바라고 길이 참아 이른 비와 늦은 비를 기다리나니 너희도 길이 참고 마음을 굳건하게 하라 주의 강림이 가까우니라 약 5:7-8

'길이 참으라' 는 야고보의 말을 마음에 새기기 바란다. 헬라어로 '길이 참으라' 는 '참고 견디며 낙심하지 말라' 는 뜻이다. 야고보는 이어서 '마음을 굳건하게 하라' 고 말한다. 이 말을 풀어보면 '너희 마음을 거룩하게 정돈하여 그 상태를 유지하라' 는 뜻이다. 바울과 베드로가 깨달은 마음을 굳건히 하는 법을 살펴보자.

> 그러므로 너희가 그리스도 예수를 주로 받았으니 그 안에서 행하되 그 안에 뿌리를 박으며 세움을 받아 교훈을 받은 대로 믿음에 굳게 서서 감사함을 넘치게 하라 골 2:6-7

우리가 예수님의 주권에 복종할 때, 성경말씀 속에서 성령님이 가르쳐주신 교훈을 굳게 붙잡을 수 있다. 베드로는 이것을 재차 강조했다. "그러므로 너희가 이것을 알고 이미 있는 진리에 서 있으나 내가 항상 너희에게 생각나게 하려 하노라" 벧후 1:12.

베드로는 이미 경험을 통해 진리에서 벗어나기가 얼마나 쉬운지 알고 있었다. 그래서 "항상 너희에게 생각나게 하려 한다." 고 말한 것이다. 그는 예수님에 대한 놀라운 계시를 받은 지 불과 몇 개월 만에 메시아를 모른다고 했던 베드로이기 때문에 진리에서 떠나는 것이 얼마나 쉬운지 잘 알았을 것이다.

우리가 하나님을 알려고 힘쓰는 것만으로는 부족하다. 하나님에 대한 지식을 계속 간직하려면 삶으로 실천해야 한다. 우리는 하나님이 과거에 행하신 일에만 의존하고 현재의 하나님을 경험하지 못할 때가 너무 많다. 성경구절을 인용하고 위로의 이야기를 나누지만 역사하시는 하나님에 대한 갈급함이 부족하다.

우리는 다시 첫사랑의 교훈으로 돌아가야 한다. 처음 주님을 만났을 때 우리는 주님에 대한 기대에 부풀어 성경을 읽고 설교말씀을 들었다. 사랑하는 주님을 더 많이 알게 되기를 갈망했다. 그러나 허무할 정도로 빨리 첫사랑을 잊어버린다. "이 목사가 무엇을 가지고 있는지 보자." "내가 다 알고 있는 내용이야." "전부 다 전에 들은 내용이네!"라는 말로 냉담함을 정당화하면서 그 설교에 담긴 진리를 흘려버린다. 이런 태도의 또 다른 특징은 하나님의 역사를 경험하고 하나님의 마음을 더 깊이 알려고 하는 대신, 자신의 필요를 채우기 위해 말씀을 듣거나 읽는 것이다. 그런 우리를 향한 경고의 말씀이 있다.

> 그러므로 우리는 들은 것에 더욱 유념함으로 우리가 흘러 떠내려가지 않도록 함이 마땅하니라 히 2:1

오늘날 교회에서 많은 이들이 하나님을 아는 지식에 굳건히 서지 못해 마음이 흘러 떠내려가고 있다. 그들은 하나님을 알고자 하는 열망을 잃어버렸다. 선지자들은 이것을 예견하고, 마지막에 기쁨을 누리려면 마음을 굳건히 해야 한다고 경고하였다. 우리들의 마음이 정돈되어 있지 않을 때 무슨 일이 일어날까 생각하면 두렵다. 많은 사람들이 하나님의 영광을 놓친 채 이리저리 방황하다가 심판을 받을까봐 기도하고 또 기도한다.

회복된 다윗의 장막

웃사에게 일어난 일을 목격한 다윗은 예루살렘으로 돌아가 부지런히 하나님을 알려고 힘썼다. 석 달 후 다윗은 이렇게 선포했다. "레위 사람 외에는 하나님의 궤를 멜 수 없나니 이는 여호와께서 그들을 택하사 여호와의 궤를 메고 영원히 그를 섬기게 하셨음이라"대상 15:2. 다윗은 하나님의 뜻을 알게 되자 담대히 실행에 옮겼다. 일단 이스라엘 백성들을 불러 모은 후, 아론의 후손들과 레위인들을 분리시켰다. 그리고 제사장들에게 이렇게 말했다.

> 너희는 레위 사람의 지도자이니 너희와 너희 형제는 몸을 성결하게 하고 내가 마련한 곳으로 이스라엘의 하나님 여호와의 궤를 메어 올리라 전에는 너희가 메지 아니하였으므로 우리 하나님 여호와께서 우리를 찢으셨으니 이는 우리가 규례대로 그에게 구하지 아니하였음이라대상 15:12-13

제사장들이 할 일은 몸을 성결케 하여 여호와의 궤를 메기에 합당한 상태를 갖추는 것이었다. 이번에는 궤를 예루살렘으로 무사히 가져와 미리 준비한 다윗의 장막에 여호와의 궤를 들이자, 하나님의 영광이 이스라엘에 돌아왔다. 우리도 다윗의 장막처럼 하나님의 임재를 누리기 위해 정돈해야 할 곳은 바로 마음 깊은 곳이다. 하나님께서 한번도 보여주신 적이 없는 그분의 영광을 이 땅에 나타내실 것이다. 우리는 마음으로 준비하고 있어야 한다.

하나님께서는 "그러나 진실로 내가 살아 있는 것과 여호와의 영광이 온 세계에 충만할 것을 두고 맹세하노니"민 14:21, 이 말씀을 하실 때 백성들이 하나님을 믿지 않고 순종하지 않아서 매우 가슴 아파하고 계셨다. 따라서 이 말씀의 의미는 하나님의 백성들이 하나님을 두려워하여 무조건적으로 복종할 날이 올 것이라는 뜻이다. 그들은 하나님의 영광을 지닌 성전이 될 것이므로 그분의 영광을 나타낼 것이다. 하나님은 이사야 선지자를 통해 이렇게 말씀하셨다.

> 일어나라 빛을 발하라 이는 네 빛이 이르렀고 여호와의 영광이 네 위에 임하였음이니라 보라 어둠이 땅을 덮을 것이며 캄캄함이 만민을 가리려니와 오직 여호와께서 네 위에 임하실 것이며 그의 영광이 네 위에 나타나리니 나라들은 네 빛으로, 왕들은 비치는 네 광명으로 나아오리라사 60:1-3

이사야가 말한 '여호와의 영광이 네 위에 임하였음이니라'를 주목하라. 우리는 이미 '영광'이 '늦은 비'로 묘사된 말씀을 읽었다. 회복된 하나님의 영광이 그분을 맞이할 준비가 된 사람들 위에 임할 것이다. 성령의 늦은 비를 받지 않을 곳은 없다. 하나님은 그분의 영광이 백성들에게 다시 임할 것이며, 믿지 않는 자들도 그분의 빛으로 이끌릴 것이라고 말씀하셨다. 아모스가 설명한 구절을 살펴보자.

> 그날에 내가 다윗의 무너진 장막을 일으키고 그것들의 틈을 막으며 그 허물어진 것을 일으켜서 옛적과 같이 세우고 암 9:11

하나님의 영광이 교회에 회복될 것이고, 그 영광은 다윗에게 나타났던 영광보다 훨씬 더 클 것이다. 야고보는 이 성경구절을 장로들에게 인용하며 그 말씀을 마지막 때에 적용했다.

> 하나님이 처음으로 이방인 중에서 자기 이름을 위할 백성을 취하시려고 그들을 돌보신 것을 시므온이 말하였으니 선지자들의 말씀이 이와 일치하도다 기록된 바 이 후에 내가 돌아와서 다윗의 무너진 장막을 다시 지으며 또 그 허물어진 것을 다시 지어 일으키리니 이는 그 남은 사람들과 내 이름으로 일컬음을 받는 모든 이방인들로 주를 찾게 하려 함이라 하셨으니 즉 예로부터 이것을 알게 하시는

주의 말씀이라 함과 같으니라 행 15:14-18

야고보는 성령님의 인도로 하나님의 영광이 회복될 때에 믿는 자들이 크게 늘어나리라는 것을 알았다. 야고보는 아모스의 메시지를 전부 인용하지 않고 우리 시대에 적용되는 부분만 인용했다. 이제 아모스의 메시지가 어떻게 완성되는지 보자.

여호와의 말씀이니라 보라 날이 이를지라 그때에 파종하는 자가 곡식 추수하는 자의 뒤를 이으며 포도를 밟는 자가 씨 뿌리는 자의 뒤를 이으며 산들은 단 포도주를 흘리며 작은 산들은 녹으리라 암 9:13

하나님은 추수하는 자의 일이 너무 많아 파종하는 자가 밭을 갈러 오기 전까지 일을 마치지 못할 정도로 수확이 풍성할 것이라고 말씀하셨다. 추수하는 속도보다 곡식이 자라는 속도가 더 빠를 것이다. 하나님은 추수할 것이 너무 많아서 감당할 수 없는 상태를 묘사하셨다. 풍성한 수확의 날이 속히 다가오고 있으니 하나님께 영광을 돌리자! 하나님이 정결케 하실 때 하나님을 향해 알아가기를 힘써야 한다. "무엇이든지 전에 기록된 바는 우리의 교훈을 위하여 기록된 것이니" 롬 15:4 라는 말씀을 명심하자. 지금까지는 시대를 이해하기 위한 기초를 쌓았고, 이제는 우리들이 하나님을 경외하는 삶을 배우는 것이 왜 중요한지 살펴보도록 하자.

다만 그들이 항상 이 같은 마음을 품어

나를 경외하며 내 모든 명령을 지켜서

그들과 그 자손이 영원히 복 받기를 원하노라

_신 5:29

9

하나님과
더 가까워지는 방법

Walking with God

> 하나님을 경외하는 자는
> 그분의 말씀과 임재 앞에서 떤다.

우리는 바울이 고린도교회에 보낸 첫번째 편지의 메시지를 자주 듣는다. 특히 고린도전서는 성령 충만한 모임에서 자주 언급된다. 고린도교회는 주후 51년경에 세워졌고(오순절 사건 이후 여러 해가 지난 뒤) 영적 은사에 열려 있었기 때문에 많은 은혜를 받았다. 오늘날의 몇몇 교회들처럼 성령의 기름 부음이 강하게 나타난 곳이다.

그런데 바울이 고린도교회에 보낸 두번째 편지인 고린도후서는 고린도전서만큼 자주 인용되지 않는다. 고린도후서는 하나님의 질서, 하나님을 경외하는 마음, 계속해서 일어나는 하나님의 영광의 회복을 더 많이 강조하고 있다. 그 문맥을 가만히 살펴보면, 오늘날의 그리스도인들을 위한 흥미진진한 메시지를 담고 있다. 고린도후서는 기름 부음에 대해 잘 알던 사람들, 영적 은사를 자주 체험했던 사람들을 위해 기록되었다.

가려진 하나님의 광채

바울은 고린도전후서에서 출애굽한 이야기와 광야에서 하나님의 영광이 나타났던 이야기를 자주 언급했다. 사실 이스라엘 백성에게 일어난 모든 일은 우리가 영적 세계에서 경험하게 될 일의 그림자다. 바울은 이 사실을 강조하였다.

> 그들에게 일어난 이런 일은 본보기가 되고 또한 말세를 만난 우리를 깨우치기 위하여 기록되었느니라 고전 10:11

바울은 고린도전서에서는 하나님의 백성들이 갖추어야 할 거룩한 마음자세의 근본요소들을 다루었다. 고린도후서의 내용에 더 깊이 들어가보면 그분의 영광을 묘사하며 백성들의 마음속에 거하고자 하시는 하나님의 갈망에 대해 말한다. 바울은 광야에서 나타난 하나님의 영광과 새 언약 아래서 나타난 하나님의 영광을 비교했다.

> 돌에 써서 새긴 죽게 하는 율법 조문의 직분도 영광이 있어 이스라엘 자손들은 모세의 얼굴의 없어질 영광 때문에도 그 얼굴을 주목하지 못하였거든 하물며 영의 직분은 더욱 영광이 있지 아니하겠느냐 고후 3:7-8

모세는 시내산 위에서 하나님의 형상을 보았고, 친구와 이야기하듯이 하나님과 이야기를 나누었다. 그리고 산에서 내려올 때는 얼굴을 가렸는데, 얼굴의 광채 때문에 사람들이 두려워할까봐서였다. 이스라엘 백성들은 모세의 얼굴만 봐도 하나님의 영광의 임재 안에 있었다는 사실을 알 수 있었다.

새 언약이 완성된 후에 하나님의 계획은 우리가 그분의 영광을 나타내는 것이 아니라 그분의 영광이 우리 안에 거하는 것이었다. 어떤 것을 나타내는 것과 안에 머무르면서 자연스럽게 나타나는 것은 엄연히 다르다. 바울이 이것을 다음과 같이 말한 이유다.

> 영광되었던 것이 더 큰 영광으로 말미암아 이에 영광될 것이 없으나 고후 3:10

비록 구약의 영광이 신약의 영광과 비교가 안 된다 해도, 구약의 영광 또한 경이로운 것이다. 그래서 바울은 '모세가 이스라엘 자손들에게 장차 없어질 것의 결말을 주목하지 못하게 하려고 수건을 그 얼굴에 썼다'는 말을 되풀이한 것이다 13절. 그런데 곧이어 바울은 이렇게 한탄했다.

> 그러나 그들의 마음이 완고하여 오늘까지도 구약을 읽을 때에 그 수건이 벗겨지지 아니하고 있으니 고후 3:14

그들에게 절실하게 필요한 하나님의 영광을 보지 못했다는 것은 얼마나 슬픈 일인가. 바울은 우리도 완고해져서 그와 같은 상황에 빠지지 않도록 조심하라고 경고한다.

경외심 vs. 두려움

이스라엘은 애굽에서 나와 모세의 인도로 시내산에 이르렀고, 하나님은 그곳에서 하나님의 영광을 나타내실 것이다.

> 여호와께서 모세에게 이르시되 너는 백성에게로 가서 오늘과 내일 그들을 성결하게 하며 그들에게 옷을 빨게 하고 준비하게 하여 셋째 날을 기다리게 하라 이는 셋째 날에 나 여호와가 온 백성의 목전에서 시내산에 강림할 것임이니 출 19:10-11

하나님이 영광을 나타내시기 전에 백성들은 성결해야 했다. 우리도 육과 영의 온갖 더러운 것을 제거해야 한다 고후 6:16, 7:1. 이제 셋째날 시내산에서 무슨 일이 일어났는지 보자.

> 셋째 날 아침에 우레와 번개와 빽빽한 구름이 산 위에 있고 나팔 소리가 매우 크게 들리니 진중에 있는 모든 백성이 다 떨더라 모세가 하나님을 맞으려고 백성을 거느리고 진에서 나오매 그들이 산기슭에 서 있는데 시내산에 연기가 자욱하니 여호와께서 불 가운데서

> 거기 강림하심이라 그 연기가 옹기 가마 연기같이 떠오르고 온 산이 크게 진동하며 출 19:16-18

우리는 오늘날 하나님을 허물없는 친구로 대한다. 그러나 하나님은 보이는 것뿐만 아니라 음성과 소리로도 그분을 나타내셨다. 모세가 말하자 하나님이 모두에게 들리도록 대답하셨다. 우리가 모세와 이스라엘 자손들이 보았던 것을 희미하게라도 본다면 틀림없이 우리의 시각은 바뀔 것이다. 분명 그분은 주님이시며, 조금도 변하지 않으셨다. 하나님이 오셨을 때 백성들은 어떤 반응을 보였을까?

> 뭇 백성이 우레와 번개와 나팔 소리와 산의 연기를 본지라 그들이 볼 때에 떨며 멀리 서서 모세에게 이르되 당신이 우리에게 말씀하소서 우리가 들으리이다 하나님이 우리에게 말씀하시지 말게 하소서 우리가 죽을까 하나이다 모세가 백성에게 이르되 두려워하지 말라 하나님이 임하심은 너희를 시험하고 너희로 경외하여 범죄하지 않게 하려 하심이니라 출 20:18-20

백성들이 떨며 뒤로 물러섰다는 것을 주목하라. 그들은 더 이상 하나님의 음성을 직접 듣고 싶지 않았다. 하나님의 영광을 보거나 그 안에 있기도 원치 않았다. 모세는 재빨리 백성들에게 '두려워하지 말라'고 말하며, 하나님이 그들을 시험하러 오셨으니 하나님 앞으로 다시 나아오라고 권면했다.

이스라엘 백성에게 임한 시험의 목적이 무엇이었는가? 그들이 하나님을 경외하는지 아닌지 알게 하려는 것이었다. 그들이 하나님을 경외했다면 죄를 짓지 않았을 것이다. 죄는 우리가 하나님으로부터 멀어질 때마다 나타나는 결과이다.

모세는 '두려워하지 말라'고 말했다. 하나님이 오신 것은 '너희로 경외하여 범죄하지 않게 하려 하심이니라'고 설명했다. 이 구절에서 '하나님을 두려워하는 것'과 '하나님을 경외하는 것'의 차이가 드러난다.

하나님을 경외한 모세와 두려워한 백성들은 다른 반응을 보였다. 만일 우리가 하나님을 경외하지 않는다면 틀림없이 하나님의 영광이 나타날 때 그분을 두려워하게 될 것이다.

하나님이 우리를 시험하시는 이유는 무엇인가? 우리 마음속에 무엇이 있는지 알기 위해서인가? 절대 아니다. 하나님은 이미 우리 마음속에 무엇이 감추어져 있는지 다 아신다. 그분이 시험하시는 것은 우리로 하여금 우리 마음속에 무엇이 있는지 알게 하시려는 것이다.

> 백성은 멀리 서 있고 모세는 하나님이 계신 흑암으로 가까이 가니
> 라출 20:21

우리는 하나님의 영광에 반응하는 이들의 차이를 살펴보아야 한다. 이스라엘 백성들은 뒤로 물러났으나 모세는 더 가까이 갔다. 이것이 오늘날 그리스도인들에게서 나타나는 각기 다른 반응들이다.

무엇이 백성들의 눈을 멀게 했을까

40년 후 나이 든 세대가 광야에서 죽자, 모세는 새로운 세대를 위해 하나님의 영광이 나타났을 때 일어났던 일을 다시 언급했다.

> 산이 불에 타며 캄캄한 가운데에서 나오는 그 소리를 너희가 듣고 너희 지파의 수령과 장로들이 내게 나아와 말하되 우리 하나님 여호와께서 그의 영광과 위엄을 우리에게 보이시매 불 가운데에서 나오는 음성을 우리가 들었고 하나님이 사람과 말씀하시되 그 사람이 생존하는 것을 오늘 우리가 보았나이다 이제 우리가 죽을 까닭이 무엇이니이까 이 큰 불이 우리를 삼킬 것이요 만일 우리가 우리 하나님 여호와의 음성을 다시 들으면 죽을 것이라 육신을 가진 자로서 우리처럼 살아 계시는 하나님의 음성이 불 가운데에서 발함을 듣고 생존한 자가 누구니이까 당신은 가까이 나아가서 우리 하나님 여호와께서 하시는 말씀을 다 듣고 우리 하나님 여호와께서 당신에

게 이르시는 것을 다 우리에게 전하소서 우리가 듣고 행하겠나이다 하였느니라 신 5:23-27

백성들은 소리쳤다. '우리는 하나님의 영광스러운 임재 앞에 나아가거나 그 가운데 서서 살아남을 수가 없다!' 그래서 모세가 대신 듣기를 원했고, 하나님의 말씀대로 행하겠다고 약속했다! 하지만 그들은 하나님의 말씀에 순종하지 못했다. 오늘날 우리는 어떤가? 우리는 목회자나 설교자들을 통해 하나님의 말씀을 받고, 하나님의 산에서는 멀찌감치 물러나 있지 않은가? 우리는 이스라엘 백성들과 다르지 않다.

모세는 이스라엘의 반응에 크게 실망했다. 백성들에게 하나님의 임재에 대한 갈급함이 없는 것이 도무지 이해가 안 되었다. 모세는 하나님이 백성들의 마음과 상태를 바꿔주시길 바라면서 하나님 앞에 나아갔다. 그러자 하나님은 모세에게 말씀하셨다.

여호와께서 너희가 내게 말할 때에 너희가 말하는 소리를 들으신지라 여호와께서 내게 이르시되 이 백성이 네게 말하는 그 말소리를 내가 들은즉 그 말이 다 옳도다 신 5:28

하나님은 왜 백성들의 말이 옳다고 하셨을까? 하나님은 이렇게 대답해주셨다.

> 다만 그들이 항상 이 같은 마음을 품어 나를 경외하며 내 모든 명령을 지켜서 그들과 그 자손이 영원히 복 받기를 원하노라 신 5:29

'다만 그들이 항상 이 같은 마음을 품어 나를 경외하며…' 라고 하나님은 말씀하셨다. 그들이 모세처럼 하나님을 경외하는 마음이 있었다면, 모세처럼 하나님의 영광을 나타내며 하나님의 뜻을 알 수 있었을 것이다. 그러나 그들의 마음은 여전히 어두웠고, 그들에게 절실히 필요한 영광을 바로 보지 못했다.

무엇이 그들의 눈을 가렸을까? 답은 명확하다. 그들에게는 하나님을 경외하는 마음이 없었다. 그들이 하나님의 명령과 말씀에 불순종한 것이 그 증거다. 모세와 이스라엘 백성을 비교해보면, 하나님을 경외하는 사람과 그렇지 않은 사람의 차이를 발견할 수 있다.

이스라엘 백성과 너무도 닮은 현대의 그리스도인

이스라엘 백성들이 오늘날 교회와 크게 다르지 않다는 사실이 중요하다. 그들과 우리의 닮은 점을 몇 가지로 정리해보았다.

애굽에서 나왔다. 이는 구원을 상징한다.

하나님의 기적을 체험했고 압제자로부터 해방돼 은혜를 누렸다. 오늘날의 교회도 마찬가지다. 교회에서도 많은 이들이 구원을 받고 그 은혜주심을 경험했다.

여전히 옛 생활방식을 원했다. 과거의 속박에서 벗어났는데도 예전과 같은 삶을 살려고 했다. 오늘날에도 이런 모습을 자주 볼 수 있다. 사람들은 구원받았는데도 여전히 세상의 생활방식을 버리지 못하고 있다. 다시 속박되는데도 세상의 생활방식을 고수한다.

하나님의 치유능력을 체험했다. 성경은 이스라엘 백성이 애굽을 떠날 때 "그의 지파 중에 비틀거리는 자가 하나도 없었도다"라고 기록하고 있다시 105:37. 모세는 300만 명의 강하고 건강한 사람들을 데리고 애굽에서 나왔다. 300만 인구 중에 아픈 사람이 하나도 없는 도시가 상상이 되는가? 이스라엘 백성들은 400년 동안 노예생활을 하며 고초를 겪어왔다. 그런 그들이 하나님의 구원과 인도하심을 따라 치유와 기적들을 누리는 모습을 상상해보라!

이스라엘 백성들은 하나님의 구원, 치유, 기적, 해방시키는 능력을 모르지 않았다. 사실 하나님이 기적을 베푸실 때마다 열정적으로 찬양했다. 우리가 예배에서 치유나 성령 충만한 기적을 경험할 때마다 그렇듯이 그들도 춤추며 찬양했다출 15:1, 20. 이스라엘 백성들은 하나님의 기적이 나타날 때 가까이 나아갔으나, 하나님의 영광이 나타날 때는 무서워하며 뒤로 물러섰다.

오늘날 우리는 어떠한가? 우리도 기적에 마음이 혹한다. 사람들은 하나님의 기적이 나타나는 예배라면 먼 길도 마다않고 달려가서 복 받기를 기대하며 큰 제물을 드린다.

시련의 불을 통해 드러나는 우리의 마음

하나님을 경외하는 사람은 하나님 말씀과 임재 앞에서 떤다사 66:2; 렘 5:22. 하나님 말씀을 듣고 떤다는 것은 무슨 뜻일까? 그것은 한 문장으로 요약할 수 있다. 하나님 말씀에 순종하지 않거나 타협하는 것이 더 유리해보이는 상황에서도 하나님께 기꺼이 순종하는 마음이다.

우리는 하나님이 선하시다는 사실을 분명히 안다. 그분은 자녀를 학대하시는 분이 아니시다. 그렇기 때문에 하나님을 경외하는 사람은 다른 사람들이 두려움에 떨며 뒤로 물러설 때에도 하나님께 가까이 나아간다.

임박한 고난이 하나님에 의해 오는 것임을 깨달은 사람은 결국 선한 모습을 보일 것이다. 대부분의 사람들이 입술로는 하나님의 말씀에 동의하지만, 어려움이 닥치면 하나님을 원망한다. 고난의 때에 그들이 정말로 믿는 것이 무엇인지 분명히 드러난다. 즉

시련의 불에 의해 믿음의 실상이 보이게 된다.

이스라엘은 고난을 통해 그들의 마음 상태를 드러냈다. 이스라엘 백성들은 즉각적인 이득이 있으면 하나님의 말씀에 순종했지만 순종하기 힘들거나 이득이 없으면 하나님을 잊고 가차 없이 불평을 늘어놓았다.

모세 시대 이스라엘은 애굽의 압제로부터 구원해달라고 부르짖었다. 그들은 약속의 땅으로 돌아가기를 애타게 갈망했다. 하나님은 인도자로 모세를 보내셨다. 그리고 모세에게 이렇게 말씀하셨다. "내가 내려가서 그들을 애굽인의 손에서 건져 내고 그들을 그 땅에서 인도하여 아름답고 광대한 땅, 젖과 꿀이 흐르는 땅…에 데려가려 하노라"출 3:8.

모세는 바로 앞에 가서 "하나님의 백성을 보내라."는 말씀을 선포했다. 그러나 바로는 오히려 이스라엘 백성을 괴롭혔다. 짚을 주지 않으면서 엄청난 양의 벽돌을 만들게 하였다. 그들은 밤에 짚을 주우러 다니고 낮에는 벽돌을 만들어야 했다. 그들을 해방시키라는 하나님의 말씀이 그들에게 고통을 가중시킨 격이 되고 말았다. 그들은 모세에게 불평했다. "제발 우리를 그냥 내버려두고 바로에게 아무 말도 하지 마십시오. 당신은 우리의 삶을 더 힘들게 만들고 있습니다!"

마침내 하나님이 이스라엘 백성을 애굽에서 구해내시자, 바로의 마음이 다시 완악해져서 전차와 전사들을 이끌고 그들의 뒤를 쫓기 시작했다. 뒤에서는 애굽 병사들이 쫓아오고, 앞에는 홍해가 가로막았다. 그들은 다시 불평했다. "우리가 애굽에서 당신에게 이른 말이 이것이 아니냐 이르기를 우리를 내버려두라 우리가 애굽 사람을 섬길 것이라 하지 아니하더냐 애굽 사람을 섬기는 것이 광야에서 죽는 것보다 낫겠노라"출 14:12.

그들이 이렇게 말하는 진정한 의미는 따로 있다. "왜 우리가 하나님을 섬겨야 하지? 그래봐야 더 비참해질 뿐인데 말이야. 우리 형편은 점점 나아지는 게 아니라 오히려 나빠지고 있어." 그래서 재빨리 옛 생활방식과 현 상태를 비교했다. 이스라엘 백성들은 약속의 땅으로 가는 여정에서 조금의 어려움만 생겨도 애굽으로 다시 돌아가고 싶어했다. 하나님 뜻에 순종하는 것보다 육체의 편안함을 원하는 그들에게는 하나님을 경외하는 마음이 없었다. 그들은 하나님의 말씀을 소중하게 여기지 않았다.

하나님이 홍해를 가르시자 이스라엘 백성은 마른 땅으로 바다를 건너고 그들을 압제하던 애굽인들은 바닷물에 빠져 죽게 되었다. 그들은 하나님의 선하심을 찬양하고 하나님 앞에 춤추며 노래했다. 다시는 하나님의 선하심을 의심하는 일이 없으리라 확신했지만 사흘 만에 단 물을 달라고 또다시 불평하기 시작했다출 15:22-25.

우리도 그럴 때가 얼마나 많은가? 우리의 더러움을 깨끗이 씻기 위해 따끔한 충고가 필요할 때, 오히려 우리는 부드럽고 기분 좋은 말을 듣고 싶어한다. 그래서 솔로몬은 "주린 자에게는 쓴 것이라도 다니라"잠 27:7고 말한 것이다. 말씀을 간절히 바라는 사람만이 순종이 어려워도 생명으로 이끄는 말씀을 감사로 받을 수 있다.

며칠 후 이스라엘 백성은 다시 먹을 것이 없다고 불평하며 "우리가 애굽 땅에서 여호와의 손에 죽었더라면 좋았을 것을"이라고 말했다출 16:1-4. 그들이 얼마나 종교적으로 행동했었는지 알 수 있다.

이스라엘 백성들은 또다시 단 물이 없다고 불평했다출 17:1-4. 그들은 새로운 고난을 만날 때마다 불평했다. 유익이 되는 것 같을 때는 하나님의 말씀을 지켰지만 순종이 어려울 때는 금세 불평을 늘어놓았다.

하나님만을 사랑한 모세

모세는 이스라엘 백성들과 달랐다. 모세는 이미 오래전에 연단을 받았다.

> 믿음으로 모세는 장성하여 바로의 공주의 아들이라 칭함 받기를 거절하고 도리어 하나님의 백성과 함께 고난 받기를 잠시 죄악의 낙

> 을 누리는 것보다 더 좋아하고 그리스도를 위하여 받는 수모를 애굽의 모든 보화보다 더 큰 재물로 여겼으니 이는 상 주심을 바라봄이라 히 11:24-26

모세는 세상이 줄 수 있는 가장 좋은 것을 받았는데도 하나님의 백성들과 함께 고난받기 위해 모든 것을 거절했다. 그의 마음은 이스라엘 백성들과 완전히 달랐다. 모세는 고난을 택했고, '상 주심을 바라보았기' 때문에 고난을 택할 수 있었다. 그가 바라는 상은 무엇이었는가? 출애굽기 33장에서 답을 찾을 수 있다.

> 여호와께서 모세에게 이르시되 너는 네가 애굽 땅에서 인도하여 낸 백성과 함께 여기를 떠나서 내가 아브라함과 이삭과 야곱에게 맹세하여 네 자손에게 주기로 한 그 땅으로 올라가라 내가 사자를 너보다 앞서 보내어 가나안 사람과 아모리 사람과 헷 사람과 브리스 사람과 히위 사람과 여부스 사람을 쫓아내고 너희를 젖과 꿀이 흐르는 땅에 이르게 하려니와 나는 너희와 함께 올라가지 아니하리니 너희는 목이 곧은 백성인즉 내가 길에서 너희를 진멸할까 염려함이니라 하시니 출 33:1-3

하나님은 모세에게 백성들을 데리고 약속의 땅, 그들이 상속받기 위해 수백 년 동안 기다려온 땅으로 가라고 하셨다. 하나님은 그들과 함께 가시지 않지만 특별히 천사를 보내주겠노라고 약속하셨다. 그러나 모세는 이렇게 대답했다. "주께서 친히 가지 아니하시려거든 우리를 이곳에서 올려 보내지 마옵소서"15절. 모세의 목표가 약속의 땅이 아니었기 때문에 나타나는 반응이었다.

모세가 '하나님이 함께하시지 않으면 그 약속은 아무것도 아닙니다!'라고 말한 것은 그가 바라던 상급이 하나님의 임재였기 때문에 그분의 제안을 거절할 수 있었다. 모세가 '우리를 이곳에서 올려 보내지 마옵소서'라고 했을 때 어떤 처지였는지 생각해보라. 그들이 있었던 '이곳'은 광야였다!

모세는 이스라엘 백성들과 함께 살고 있었다. 그에게 초인적 능력이 있어서 백성들이 겪는 어려움을 피해간 것이 아니었다. 그도 백성들과 똑같이 목마르고 배고팠지만 다른 사람들처럼 불평하는 모습을 보이지 않았다. 모세는 이 고통에서 벗어나 그토록 꿈꾸던 땅으로 갈 수 있는 기회가 주어졌는데도 거절했다. 모세가 오로지 바랐던 것은 하나님과 함께하는 것이었다.

성경을 보면 모세처럼 하나님만을 구했던 사람이 또 있다. 열왕기하 2장을 보면 엘리야가 엘리사에게 세 번이나 그 자리에 머물라고 권했다. 그러나 엘리사는 "여호와께서 살아 계심과 당신의 영혼이 살아 있음을 두고 맹세하노니 내가 당신을 떠나지 아니하겠나이다"왕하 2:2라고 완강히 거절했다. 그는 일시적 편안함보다 하나님이 훨씬 더 중요했기 때문에 엘리야를 따라갔다.

위선을 드러내시는 하나님의 임재

외형적으로 볼 때 모세와 이스라엘 백성들 사이에는 별 차이가 없었다. 그들은 모두 아브라함의 후손들로 하나님의 기적적 능력으로 애굽을 함께 떠났고, 모두 여호와를 섬긴다고 고백했었다. 그런데 이스라엘 백성들의 마음 깊숙한 곳에 다른 점이 감춰져 있었다. 그것은 경외에 대한 마음이었다. 모세는 하나님을 경외했으므로 하나님과 동행했지만 그러나 이스라엘 백성들은 하나님을 경외하지 않았기 때문에 하나님의 선함과 영광에서 멀어질 수밖에 없었다.

오늘날 기독교는 거의 클럽 수준이 되어버렸다. 클럽이 어떤 곳인가? 사람들은 어딘가에 소속되고 싶어서 클럽에 가입한다. 클럽에서는 다른 회원들과 공동의 관심사를 나누고 무엇인가를 함께하기 때문에 일체감을 느낀다. 교인들은 교회에 앉아 있고, 봉사도 하고, 심지어 강단에서 설교도 한다. 그들은 빈민촌에서부터 치열한 경쟁사회까지 다양한 삶의 현장에서 살아가는 사람들이다. 구원을 믿고 하나님의 약속을 지키겠다고 고백하지만 실제 삶 속에서는 이스라엘 백성들처럼 하나님을 경외하지 않는다.

오늘날 그리스도인들 중에는, 교회 문턱에 와본 적이 없는 사람들과 똑같이 하나님을 경외하지 않는 사람들이 있다.

야고보는 구원받았다고 고백하면서도 하나님을 경외하지 않는 사람들에게 이렇게 경고했다. "네가 하나님은 한분이신 줄을 믿느냐 잘하는도다 귀신들도 믿고 떠느니라" 약 2:19.

예수님도 그분을 구세주로 부르면서 귀신을 내쫓고 기적을 행하나 정작 하나님의 뜻에 순종하지 않는 사람들이 있을 것이라고 말씀하셨다 마 7:21-23. 예수님은 이런 사람들을 "곡식 가운데서 자라는 가라지"로 묘사하셨다. 알곡과 가라지를 분별하기는 쉽지 않다. 이스라엘 백성들에게 그랬듯이, 하나님의 영광스러운 임재의 불이 모든 사람의 마음을 적나라하게 드러낼 것이다. 추수기로 접어들 때 교회의 상태가 바로 이러할 것이다 마 13:26.

말라기는 마지막 때에 하나님이 예언자의 목소리를 보내실 것이라고 예언했다. 그들이 주님의 영광을 맞이하도록 믿는 이들을 준비시키는 것이다. 사무엘, 모세, 세례 요한을 통해 하셨던 것처럼 말이다. 주의 사자들은 한마음으로 진리를 깨닫지 못하는 사람들에게 진심으로 하나님께 돌아오라고 촉구한다. 이 예언자들은 심판의 사자들이 아니라 자비의 사자들이다. 하나님은 그들을 통해 그분의 백성이 심판을 면하도록 이끄실 것이다. 말라기의 고백을 살펴보자.

> 만군의 여호와가 이르노라 보라 내가 내 사자를 보내리니 그가 내 앞에서 길을 준비할 것이요 또 너희가 구하는 바 주가 갑자기 그의 성전에 임하시리니 곧 너희가 사모하는 바 언약의 사자가 임하실 것이라 그가 임하시는 날을 누가 능히 당하며 그가 나타나는 때에

> 누가 능히 서리요 그는 금을 연단하는 자의 불과 표백하는 자의 잿물과 같을 것이라 말 3:1-2

말라기는 주님께서 그분의 성전에(그분의 성전을 위해서가 아니라) 임하실 것이라고 말한다. 호세아는 주님께서 그분의 성전인 우리에게 늦은 비처럼 오실 것이라고 예언했다. 그것은 하나님의 영광이 나타나는 것을 뜻한다.

말라기는 하나님의 영광스러운 임재의 두 가지 결과를 보여주며 질문에 답한다. 첫째는 하나님을 경외하는 자들이 연단되고 정결케 된다 말 3:3, 16-17. 둘째는 하나님을 섬긴다고 말하지만 그분을 경외하지 않는 사람들이 심판을 받을 것이다 말 3:5, 4:1. 이렇게 정결케 하는 역사가 일어난 뒤에는 아래의 말씀을 증거하는 일이 벌어질 것이다.

> 그때에 너희가 돌아와서 의인과 악인을 분별하고 하나님을 섬기는 자와 섬기지 아니하는 자를 분별하리라 말 3:18

영광이 나타나기 전에는 하나님을 섬기는 사람과 입으로만 섬기는 사람을 구별할 수 없다. 그런데 하나님의 영광의 빛이 비치면 사람들의 위선은 드러난다. 기독교 클럽에 속했다는 안정감은 결국 사라질 것이다. 이는 신약 시대의 그리스도인들을 향한 예수님의 엄중한 경고를 이해하는데 도움을 준다.

> 내가 내 친구 너희에게 말하노니 몸을 죽이고 그 후에는 능히 더 못하는 자들을 두려워하지 말라 마땅히 두려워할 자를 내가 너희에게 보이리니 곧 죽인 후에 또한 지옥에 던져 넣는 권세 있는 그를 두려워하라 내가 참으로 너희에게 이르노니 그를 두려워하라 눅 12:4-5

하나님을 경외하면 멸망의 길을 피할 수 있다. 예수님은 특정 목적을 위해 믿는 자들에게 경고하셨고 위선의 덫을 주의하라고 말씀하시며 하나님을 경외하라고 권면하셨다.

> 감추인 것이 드러나지 않을 것이 없고 숨긴 것이 알려지지 않을 것이 없나니 눅 12:2

우리가 우리의 명성을 보호하기 위해 죄를 감출 때 정직한 마음은 훼손된다. 실제로는 깨끗하지 않은데도 깨끗하게 보일 것이라고 착각하고 위선적인 행동을 한다. 그래서 이제는 다른 사람들뿐 아니라 자기 자신까지 속인다 딤후 3:13 참조.

오로지 하나님을 경외하는 마음만이 우리가 위선에 빠지지 않도록 보호해줄 것이다. 그럴 때 우리는 사람들의 말보다 하나님을 두려워하게 되고, 마음속에 죄를 숨기지 않게 된다. 그래서 모세는 하나님을 경외하는 마음이 '죄를 짓지 않게 해주는 힘'이라고 말했다 출 20:20. 솔로몬은 "여호와를 경외함으로 말미암아 악에서 떠나게 되느니라" 잠 16:6고 고백했다. 하나님을 경외하는 마음만이 사람들의 생각보다 하나님이 우리를 어떻게 생각하실지 더 신경쓰게 한다. 사람들은 일시적인 편안함을 구하지만 하나님을 경외하는 사람들은 하나님이 원하시는 일에 더 관심을 갖는다. 우리도 하나님을 경외할 때 사람의 말보다 하나님 말씀을 더 귀하게 여길 것이고 우리의 마음이 주께로 향하게 될 것이다.

네 의를 빛 같이 나타내시며
네 공의를 정오의 빛 같이 하시리로다

_시 37:6

10
세상의 빛이 되기

Walking with God

하나님을 경외하는 마음은
개인의 이익을 위해 하나님의 진리를 타협하지 않게 해줄 것이다.

하나님께서는 우리에게 감동적인 약속을 주셨다. 우리가 주께로 돌아가면 하나님의 영광을 보지 못하게 가리고 있던 수건이 벗겨진다! 하지만 예수님은 우리에게 놀라운 말씀을 하셨는데, 우리는 그 말씀에 반응하지 않고 넘어갈 때가 많다. "너희는 나를 불러 주여 주여 하면서도 어찌하여 내가 말하는 것을 행하지 아니하느냐" 눅 6:46

주님은 창조주이자 통치자이시며 우주의 주인이시다. 하나님은 최고 권위자로서 인간을 에덴동산에 두시고 권위를 위임하셨다. 그런데 인간은 위임받은 땅의 통치권을 사탄에게 넘겨주고 말았다 눅 4:6. 예수님은 십자가에서 그것을 다시 찾으셨고 그래서 오늘날 우리에게 선택권이 생겼다. 그것은 우리 삶의 소유권을 온전히 영원한 예수님께 내어드리거나, 아니면 사라져가는 세상의 지배를 받으며 살아갈 것인가를 선택하는 권리이다. 우리에게 제3

의 대안은 없고 또한 둘 사이에서 중간을 택할 수도 없다.

하나님을 경외하지 않고 주로 공경하지 않는 사람은 삶의 주권을 하나님께 내어드리지 않은 것이다. 혹시라도 예수님을 주로 고백했을지라도, 하나님을 경외하지 않는다면 그것이 삶에 나타나는 열매로 명백히 드러날 것이다. 반면 하나님을 경외하면, 왕이요 주님이신 하나님의 권위에 온전히 복종하며 그분의 임재 속에서 함께 동행하게 된다.

바울이 복음을 전할 때마다 속박과 환난과 고난을 당했어도 담대히 대처할 수 있었던 것도 바로 이 때문이었다. "보라 이제 나는 성령에 매여 예루살렘으로 가는데 거기서 무슨 일을 당할는지 알지 못하노라"행 20:22. 주님이 바울을 얽어매시지는 않았다. 바울은 하나님의 뜻을 이루려면 자신이 고난받게 되리라는 것을 알고 있었다. 하지만 바울은 자신의 안락함보다 하나님의 뜻이 이루어지는 것을 택했다. 바울은 자기 삶의 완전하고 무조건적인 소유권을 하나님께 기꺼이 내어드렸다.

바울은 본인의 희생을 감수하고 헌신했다. "내가 달려갈 길과 주 예수께 받은 사명 곧 하나님의 은혜의 복음을 증언하는 일을 마치려 함에는 나의 생명조차 조금도 귀한 것으로 여기지 아니하노라"행 20:24. 하나님께 대한 사랑과 거룩한 경외심이 함께 있어야만 하나님의 주권에 온전히 복종할 수 있다. 이것이 하나님을 따르는 모든 사람들에게 반드시 필요한 헌신이다눅 14:25-33.

예수님이 '너희는 나를 불러 주여 주여 하면서도 어찌하여 내가 말하는 것을 행하지 아니하느냐?'고 말씀하신 것은, '너희가 삶의 주인 행세를 하고 있으면서 나를 '주'라고 불러 스스로를 속이지 말라.'는 뜻에서 하신 말씀이다.

기만의 베일을 벗기다

우리는 사울 왕의 삶에서 기억해야 할 것이 있다. 하나님은 사무엘 선지자를 통해 사울에게 한 가지 명령을 내리셨다. 사울은 군대를 모은 뒤 아말렉을 공격해서 살아 숨쉬는 모든 것, 즉 모든 남자와 여자와 아이들과 동물까지 완전히 멸하라는 지시를 받았다.

사울 왕은 '절대 그럴 수 없다!'고 하며 사무엘의 지시를 거부하지 않았다. 사울 왕은 사무엘의 말과 뜻대로 군대를 모아서 아말렉을 공격했다. 그리고 수많은 남자와 여자, 아이들을 죽였다. 그런데 아말렉 왕은 살려두었다. 동물들도 거의 죽였지만 가장 좋은 어린양과 소 몇 마리는 남겨두었다. 사울 왕은 이것들을 여호와께 제물로 바칠 생각이었을 수도 있다. 선지자의 말을 듣지 못한 사람들에게는 사울이 경건한 왕으로 보였을 것이다. 사람들은 "보아라, 그가 가장 좋은 것만 여호와께 바친다!" 하고 칭송했을 것이다.

그러나 하나님께서 사무엘에게 말씀하셨다. "내가 사울을 왕으로 세운 것을 후회하노니 그가 돌이켜서 나를 따르지 아니하며 내 명령을 행하지 아니하였음이니라"삼상 15:11. 하나님은 거의 완벽에 가까운 그의 순종을 '거역'으로 보셨다삼상 15:23.

다음날 사무엘은 사울 왕을 찾아갔다. 사울 왕은 사무엘을 보고 반갑게 맞이하며 인사했다. "당신은 여호와께 복을 받으소서 내가 여호와의 명령을 행하였나이다"13절.

사울 왕이 행한 것은 분명 하나님의 생각이 아니었다. 단지 그의 의견일 뿐이었다. 어째서 같은 사건을 두고 서로가 그토록 다른 관점을 가질 수 있을까? 사울 왕은 정말로 자기가 하나님께 온 마음을 다해 순종했다고 믿었다. 야고보가 그것을 명확하게 설명하고 있다.

> 너희는 말씀을 행하는 자가 되고 듣기만 하여 자신을 속이는 자가 되지 말라약 1:22

하나님의 말씀을 듣고 그대로 행하지 않으면서도 자신이 행했다고 생각하는 것은 자신을 속이는 것이다! 사람들은 자기도 모르게 자신을 기만함으로써 진리를 가로막는다. 우리가 불순종하면 할수록 기만의 베일은 점점 더 두꺼워지고 없애기도 더 힘들어진다.

오늘날 우리는 사울을 변호할지도 모른다. "사울은 꽤 노력했

잖아. 어쨌든 거의 모든 걸 지켰어. 잘했다고 인정할 건 인정해줘야 해! 왜 하지 않은 한 가지를 지적하는 거지? 불쌍한 사울을 너무 몰아붙이지 말았으면 해!" 그러나 하나님이 보시기에 부분적으로 순종하거나 선택적으로 순종하는 것은 그분의 권위에 반항하는 것과 똑같다. 그것은 하나님에 대한 경외심이 없다는 증거다!

내가 캐나다에서 사역을 준비하던 기간에 있었던 일이다. 하나님께 한참동안 경배와 찬양을 드리고 있는데 성령께서 이런 질문을 던지셨다. "너는 종교적인 마음이 무엇인지 알고 있느냐?" 나는 종교적인 마음이 어떤 일을 일으키는지 글도 쓰고 설교도 했었지만, 순간 깨달은 생각은 내가 알고 있는 정보가 지극히 제한적이라는 것이었다. 하나님이 내게 질문을 하실 때는 정보를 얻기 위해서가 아니라는 것을 나는 알고 있었다. 나는 "아닙니다, 주님! 제게 말씀해주세요."라고 대답했다.

하나님은 내게 즉시 대답해주셨다. "종교적인 마음을 가진 사람은 자기의 뜻을 이루기 위해 내 말을 사용하는 사람이다!" 다시 말하면, 종교적인 마음을 가진 사람은 하나님 말씀에 자기가 원하는 바를 슬쩍 포함시키는 사람을 일컫는 것이다.

나는 성령님이 주신 지혜를 경외로운 마음으로 받았다. 그리고 사울의 상황에 적용시켜보았다. 나는 사울이 선지자에게 지시받은 대로 행하면서 자기가 원하는 것을 슬쩍 포함시키는 모습을 볼 수 있었다. 그는 하나님의 마음에 관심이 없었다. 사울 왕은 하나님의 마음보다 무엇이 자기에게 이익이 되고 백성들 앞에서 자신의 지위를 강화시킬 수 있는지 기회를 보았을 뿐이다. 그것이 하나님의 주권을 인정하는 모습인가? 하나님 말씀을 듣고 순종하는 모습인가?

사울에게 하나님을 경외하는 마음이 있었다면 자신의 이득을 위해 하나님의 진리와 타협하지 못했을 것이다. 어떤 대가를 치르더라도 하나님 말씀에 복종했을 것이다.

우리의 시각이 우리를 만든다

우리가 마음으로 바라보는 것으로 우리는 변화한다. 영적인 눈이 베일에 가려져 있으면 하나님의 형상이 왜곡되어 보인다. 마음속에 있는 주님의 형상이 실제 거룩한 모습보다 인간의 형상과 비슷해진다. 이스라엘 백성들이 그토록 강력하고 분명한 기적을 체험했으면서도 하나님을 모르는 것처럼 행동한 것도 이 때문이다. 예수님은 이에 대해 뭐라고 말씀하셨을까?

> 눈은 몸의 등불이니 그러므로 네 눈이 성하면 온몸이 밝을 것이요 눈이 나쁘면 온몸이 어두울 것이니 그러므로 네게 있는 빛이 어두우면 그 어둠이 얼마나 더하겠느냐 마 6:22-23

우리 몸(우리 존재)에서 방향을 제시해주는 등불이 바로 눈이다. 이 등불은 육체적 시력뿐 아니라 마음의 눈을 이야기하는 것이기도 하다 엡 1:18. 우리는 눈의 인식과 지시를 따른다. 만일 눈이 살아 있는 하나님의 말씀을 본다면 히 6:5, 우리 전 존재가 하나님의 속성인 빛으로 충만할 것이다 요일 1:5. 계속해서 이 진리의 빛에서 변화되어갈 것이며, 하나님의 영광과 사랑 안에서 동행하는 그 길을 떠나지 않을 것이다.

예수님은 우리가 악한 것을 응시하면 우리의 마음이 어두움의 속성으로 채워질 것이라고 말씀하셨다. 이것은 바로 불신자들의 어두운 마음을 나타낸다. 그러나 예수님의 마지막 말씀을 자세히 보라. "그러므로 네게 있는 빛(예수님에 대한 인식)이 어두우면 그 어둠이 얼마나 더하겠느냐" 마 6:23. 불신자가 아니라 하나님을 아는 사람에게 하신 말씀이다. 빛이 그 사람 안에 있다고 했기 때문이다. 예수님은 거룩한 경외심이 부족해 예수님의 말씀을 인식하는 게 어두우면, 실제로 진리를 듣지 못한 사람보다 더 큰 어두움에 싸일 것이라고 말씀하셨다 유 12-13 ; 눅 12:47-48 참조.

하나님을 안다고 주장하는 사람들은 주님의 말씀을 기억해야 한다. "네가 어찌하여 내 율례를 전하며 내 언약을 네 입에 두느냐 네가 교훈을 미워하고 내 말을 네 뒤로 던지며" 시 50:16-17. 그들은 하나님의 말씀을 믿는다고 고백하고 심지어 전하기까지 했지만, 그들 안에 있는 빛은 아주 어두웠다. 그들은 하나님을 하나님으로 보지 못했다. 하나님은 이렇게 말씀하셨다. "네가 이 일을 행하여도 내가 잠잠하였더니 네가 나를 너와 같은 줄로 생각하였도다" 21절.

예수 그리스도의 거울을 보라

너희는 말씀을 행하는 자가 되고 듣기만 하여 자신을 속이는 자가 되지 말라 누구든지 말씀을 듣고 행하지 아니하면 그는 거울로 자기의 생긴 얼굴을 보는 사람과 같아서 제 자신을 보고 가서 그 모습이 어떠했는지를 곧 잊어버리거니와 약 1:22-24

야고보는 우리가 예수님의 주권에 복종하지 않을 때 마음속에 어떠한 일이 일어나는지 보여준다. 바로 '거울로 자신을 보는 것'과 같은 일이 벌어진다. 거울로 자신을 볼 수는 있지만, 거울 앞을 떠나는 즉시 눈먼 사람처럼 모두 잊어버리는 것이다.

이것이 우리들이 하나님의 말씀을 읽고, 듣고, 심지어 설교하면서도 하나님의 말씀을 모르는 사람처럼 행동하며 살고 있는 이유다. 그들의 삶에는 달라진 것이 거의 없다. 사실 어떠한 변화도 일어나지 않았다. 시편 기자는 그분의 말씀을 듣고도 변화되지 않는 사람들을 이렇게 묘사했다. "그들은 변하지 아니하며 하나님을 경외하지 아니함이니이다" 시 55:19.

이들은 스스로가 구원받았다고 고백하지만 하나님의 능력으로 변화되지 않았다. 그들은 성결하지 않고, 감사하지 않고, 사랑하지 않고, 순종하지 않고, 용서하지 않고, 하나님 말씀을 들어본 적이 없는 사람들과 똑같이 살아간다. 담배를 피거나 술을 마시거나 이교도들처럼 길거리에서 욕을 하지는 않을지라도, 마음속 의도를 들여다보면 똑같다고 할 수 있다. 바로 이기적인 마음이 그들 안에 도사리고 있는 것이다. 바울은 그들을 항상 배우기를 즐겨하지만 진리를 적용하지 못하는 사람들로 묘사했다. 그들은 결국 서로에게 속임을 당할 것이다 딤후 3:1-7, 13.

이스라엘 백성들은 이와 같이 베일에 가려진 마음 때문에 눈앞의 일밖에 보지 못했다. 그 베일은 '기만'이라고 불린다. 그들은 하나님의 말씀을 듣고 그분의 강한 능력을 보았으나 여전히 똑같았다. 거룩한 경외심이 없었기 때문에 영적인 눈이 어두워졌다.

우리가 진정으로 회개하지 않으면 마음을 가리는 베일이 점점 더 두꺼워져 마침내 보지 못하게 된다. 마음이 완전히 굳어져서 자신이 어떤 사람인지 보지 못한다. 이스라엘 백성들은 애굽(세상)에서 해방된 것을 경축하면서도 하나님의 뜻을 알지 못했고, 하나님의 영광이 임재했을 때는 두려워하며 뒤로 물러났다. 우리도 하나님의 경고에 주의하지 않으면 이와 같을 수 있다.

바울은 예수님의 주권에 복종하고, 임재를 경외하고, 주님의 말씀을 듣고, 순종할 때 무슨 일이 일어나는지 묘사했다.

> 그러나 언제든지 주께로 돌아가면 그 수건이 벗겨지리라. 주는 영이시니 주의 영이 계신 곳에는 자유가 있느니라 우리가 다 수건을 벗은 얼굴로 거울을 보는 것 같이 주의 영광을 보매 그와 같은 형상으로 변화하여 영광에서 영광에 이르니 곧 주의 영으로 말미암음이니라 고후 3:16-18

바울도 야고보처럼 거울을 비유로 사용했다. 그러나 여기서 말하는 것은 자연적인 형상이 아니라 예수 그리스도의 얼굴에서 보이는 하나님의 영광이다 고후 4:6. 이 형상은 하나님의 말씀을 듣고 순종하여 그대로 행할 때 우리의 마음속에 나타난다. 야고보는 이를 다음과 같은 말로 확증했다.

> 자유롭게 하는 온전한 율법을 들여다보고 있는 자는 듣고 잊어버리는 자가 아니요 실천하는 자니 이 사람은 그 행하는 일에 복을 받으리라 약 1:25

'자유롭게 하는 온전한 율법'은 바로 예수님을 뜻한다. 예수님은 살아 계시며, 계시된 하나님의 말씀이시다. 요한은 이 사실을 다음과 같이 증거했다. "증언하는 이가 셋이니 아버지와 말씀과 성령이시라 또한 이 셋은 합하여 하나이니라" 요일 5:7-8(저자사역).

우리가 열심히 예수님을 찾고 성령님이 조명해주시는 말씀에 귀를 기울이며 순종할 때 우리의 눈은 밝아지고 베일에서 벗겨질 것이다. 우리의 눈이 밝아지고, 베일에서 벗겨질 때 우리는 하나님의 영광을 인식할 수 있다. 하나님이 바라시는 것은 우리가 그분의 영광을 보는 것이다. 하나님은 이스라엘이 하나님의 영광스러운 임재를 견디지 못했을 때 한탄하셨다. 마음이 베일에 가려지지 않은 자들만이 하나님을 볼 수 있다!

> 그러므로 우리는 들은 것에 더욱 유념함으로 우리가 흘러 떠내려가지 않도록 함이 마땅하니라 히 2:1

하나님의 말씀에 순종하지 않으면 자기도 모르게 하나님의 길에서 떠내려가 버리고 말 것이다. 그러므로 우리는 하나님과 동행하기 위해 말씀을 청종하고 하나님을 경외함으로 순종을 이루어야 할 것이다!

영광에서 영광으로

하나님께서는 우리에게 남과 자기 자신을 속이는 일을 멈추고 주님을 경외하라고 말씀하신 이유를 베드로가 잘 설명해주었다.

> 이로써 그 보배롭고 지극히 큰 약속을 우리에게 주사 이 약속으로

말미암아 너희가 정욕 때문에 세상에서 썩어질 것을 피하여 신성한 성품에 참여하는 자가 되게 하려 하셨느니라 벧후 1:4

하나님은 '신성한 성품에 참여하는 자'가 되기를 원하신다. 베드로는 우리가 말씀을 경외할 때 약속이 점진적으로 이루어질 것이라고 말했다. "어두운 데를 비추는 등불과 같으니 날이 새어 샛별이 너희 마음에 떠오르기까지 너희가 이것을 주의하는 것이 옳으니라" 19절. 우리가 지켜야 할 것은 보배롭고 지극히 큰 약속을 기억하고 주의하는 것이다. 우리가 순종하는 마음으로 하나님을 경외할 때 하나님의 영광의 빛이 점점 더 커질 것이다. 그것은 새벽녘의 희미한 빛으로 시작되어 태양이 온전히 밝게 비출 때까지 영광에서 영광으로 계속될 것이다. "의인의 길은 돋는 햇살 같아서 크게 빛나 한낮의 광명에 이르거니와" 잠 4:18. 우리는 한낮의 해처럼 영원히 빛날 것이다 마 13:43. 우리는 하나님의 영광을 반사하는 존재가 아니라 직접 그 영광의 빛을 발할 것이다.

말씀의 거울로 하나님의 영광을 볼 때, '그와 같은 형상으로 변화하여 영광에서 영광에 이른다.' 이것이 성경에서 말하는 우리의 구원을 이루는 과정이다. 바울은 빌립보교인들에게 구체적인 방향을 제시해주었다.

그러므로 나의 사랑하는 자들아 너희가 나 있을 때뿐 아니라 더욱

> 지금 나 없을 때에도 항상 복종하여 두렵고 떨림으로 너희 구원을 이루라 너희 안에서 행하시는 이는 하나님이시니 자기의 기쁘신 뜻을 위하여 너희에게 소원을 두고 행하게 하시나니 빌 2:12-13

이 편지는 바울이 빌립보교인들에게 쓴 편지이지만, 주님이 우리에게 보내신 편지일 수도 있다. 물론 모든 성경은 성령의 감동으로 기록된 것으로 사사로이 해석해서는 안 된다. 우리는 이 구절의 참 뜻을 알고 우리에게 직접 속삭여주신 말씀처럼 읽어야 한다. 이 말씀은 하나님의 임재가 없을 때에도 하나님을 경외하는 마음이 순종을 강하게 한다는 사실을 설명해준다.

여기서 우리는 하나님의 임재가 무엇인지 살펴볼 필요가 있다. 첫째, 하나님의 편재성이 있다. 하나님이 불변하신다면 그 어떤 공간도 하나님의 존재와 성품을 제한하거나 변화시킬 수 없다. 쉽게 말해 하나님은 어디에나 계신다. 다윗은 그것을 이렇게 묘사했다. "내가 주의 영을 떠나 어디로 가며 주의 앞에서 어디로 피하리이까 내가 하늘에 올라갈지라도 거기 계시며 스올에 내 자리를 펼지라도 거기 계시니이다"시 139:7-8. 하나님은 결코 우리를 버리지 않고 떠나지 않겠다고 약속하셨다히 13:5. 우리가 느끼지 못해도 하나님은 우리와 함께 계신다.

둘째, 하나님은 항상 모든 장소에 충만히 거하시며 우리가 확인할 수 있는 명백한 임재가 있다. 하나님의 임재가 실제로 다가

오는 것을 느낀다. 예를 들면, 예배를 드리는 동안 하나님의 사랑을 느낀다. 경배하면서 하나님의 따스한 온기를 느낀다. 기도하면서 하나님의 힘을 느낀다. 우리는 하나님의 명백한 임재가 있는 곳에서 순종하기가 쉽다. 우리의 기도에 하나님의 응답이 있고, 하나님의 약속이 이루어지고, 우리의 마음에 기쁨이 충만할 때 순종이 뭐가 어렵겠는가. 그러나 하나님을 경외하는 사람은 하나님의 명백한 임재가 없는 힘든 순간에도 하나님의 뜻에 순종한다.

요셉의 마음

아브라함의 증손자 요셉을 생각해보자. 하나님은 꿈을 통해 요셉이 형들까지 다스리는 훌륭한 지도자가 될 것이라는 사실을 보여주셨다. 그러나 이 약속을 받자마자 무슨 일이 벌어졌는가? 질투심에 불탄 형들은 그를 구덩이에 던져버렸다. 많은 사람들이 놀라서 이렇게 물을 것이다. "하나님이 어떻게 이런 일이 일어나도록 내버려두실 수 있죠? 그 꿈은 호기심만 자극하는 것이었나요?"

충격을 받은 사람들은 점차 하나님께 분노할지도 모른다. 그런데 그들의 분노는 거룩한 경외심의 부재를 나타내는 또 다른 표현이다! 우리가 기억해야 할 것은 요셉이 불평했다는 기록을 찾아볼 수 없다는 것이다.

형들은 결국 요셉을 노예로 팔아 넘겼다. 요셉은 애굽 사람으로 시위대장이었던 보디발의 집에서 10년 넘게 노예로 일했다. 우리 같으면 10년이라는 시간이 지나는 동안 하나님께 받은 꿈을 잃어버렸을 것이다. 아마 하나님께 불평하거나 나의 꿈을 포기했을 것이다! 그러나 요셉은 불평하지 않았고 희망을 버리지도, 낙심하지도 않았다. 그는 변함없이 하나님만을 경외했다.

앞에서 여러차례 살펴봤듯이 이스라엘 백성들은 요셉과 대조적으로 투덜대며 항의했다. 요셉의 인내심은 10년의 노예생활도 견뎌냈지만, 이스라엘 백성들의 인내심은 몇 달 만에 시들해졌다. 오늘날 많은 사람들은 기도에 빠른 응답이 오지 않으면 불평을 한다. 요셉과는 얼마나 다른 모습이며, 이스라엘 백성들과는 얼마나 같은 모습인가?

요셉은 이교도의 땅에 홀로 버려졌다. 친구들과 교제도 없었고 속마음을 털어놓을 형제도 없었다. 이 고독한 상태에서 보디발의 아내가 요셉을 유혹해왔다. 아름다운 실크 드레스를 입고 매혹적인 향수를 뿌린 보디발의 아내가 매일 요셉을 유혹했다.

나는 이때 요셉이 하나님에 대한 경외심을 표현한 방식이 정말 마음에 든다. 그는 힘든 일을 겪고 실망하기도 했지만 보디발의 아내의 유혹에 넘어가지 않았다. 만일 그가 경건한 경외심을 잃고 하나님께 불쾌한 감정을 드러냈다면 유혹을 뿌리칠 힘이 없었을 것이다. 그러나 요셉은 보디발의 아내를 단호하게 거절했다.

"내가 어찌 이 큰 악을 행하여 하나님께 죄를 지으리이까"창 39:9.

    요셉은 하나님께 순종함으로써 바로의 감옥에 갇히는 신세가 되었다. 이런 상황에서도 변함없이 하나님을 신뢰하고 순종하기로 택할 사람이 얼마나 될까? 아마 많은 사람들이 하나님을 원망하며 죽음을 택할 것이다히 12:15 참조. 요셉은 2년 넘게 어두운 감옥에 갇혀 있으면서도 변함없이 하나님을 경외했다! 하나님에 대한 실망과 존재의 상실감으로 불안해져도 하나님으로부터 마음을 돌리지 않았다. 무엇보다도 우리를 감동시키는 것은 그 힘겨운 상황에서도 동료 죄수들을 섬겼다는 것이다. 요셉은 그들을 위로했고 그들의 꿈을 해석해주며 여호와 하나님에 대해 이야기했다.

하나님을 향한 영원한 경외

    요셉의 후손들은 요셉과 매우 다른 선택을 했다. 요셉의 후손들은 그들의 소원이 이루어지고 하나님의 강한 능력을 볼 때는 순종했지만 실망하거나 버림받았다고 느낄 때면 곧바로 불순종을 선택했다. 첫번째 징후는 항상 불평의 형태로 나타났다. 하나님을 원망하는 사람들은 직접적으로 대항할 만큼 어리석지 않다. 대신 하나님 말씀이나 지도자에게 반항한다. 이스라엘 자손들은 지도자들에게 불평했지만 모세는 "너희의 원망은 우리를 향하여 함이 아니요 여호와를 향하여 함이로다"출 16:8라고 말했다.

    불평은 다른 무엇보다도 빠르게 우리 안에서 하나님의 생명을 끊어버린다! 불평은 하나님께 비겁한 모습으로 은근슬쩍 말하는 것이다. "저는 하나님이 제 삶 속에서 행하시는 일이 마음에 들지 않아요. 제가 하나님이라면 반드시 그렇게 하지 않았을 거예요." 이것은 하나님의 권위에 반항하는 것이다. 불평은 불손한 행위이며, 하나님께서 몹시 싫어하시는 행동이다! 그래서 성경은 이렇게 권면한다.

> 두렵고 떨림으로 너희 구원을 이루라 너희 안에서 행하시는 이는 하나님이시니 자기의 기쁘신 뜻을 위하여 너희에게 소원을 두고 행하게 하시나니 모든 일을 원망과 시비가 없이 하라빌 2:12-14

하나님은 불평이 마음속에 뿌리 내리지 않게 조심하라고 엄중히 경고하셨다. 불평이 우리의 마음을 점유하지 못하도록 하나님을 경외하는 마음을 가지라. 하나님을 경외하는 마음과 하나님의 사랑이 불평을 물리칠 힘을 줄 것이다. 잠언 말씀이 이를 확증하고 있다.

> 여호와를 경외하는 것은 생명의 샘이니 사망의 그물에서 벗어나게 하느니라잠 14:27

요셉은 20년 넘게 영적 광야에서 살았다. 자기 뜻대로 되는 일은 하나도 없었고 그에게 힘을 주고 격려해주는 사람도 없었다. 하지만 그의 내면 깊숙한 곳에서 물을 길어 올리는 샘이 하나 있었는데, 이 샘은 요셉이 힘들고 메마른 시기에도 하나님께 순종할 수 있도록 힘을 주었다. 그것은 바로 하나님을 경외하는 마음이었다!

요셉은 그 샘에서 길어 올린 생명수 덕분에 증오와 분노, 질투, 원한, 노여움, 간음의 함정에 빠지지 않을 수 있었다. 사람들이 죄의 덫에 걸려 넘어질 때도 요셉은 그 덫을 피해 가장 어두운 시기에도 다른 사람들을 섬길 수 있었다.

요셉이 지혜롭게 행동했던 것은 하나님을 경외했기 때문이었다. "여호와를 경외하는 것은 지혜의 훈계라" 잠 15:33. 하나님을 경외하는 사람은 지혜롭다. 다니엘은 그것을 이렇게 지적했다.

> 지혜 있는 자는 궁창의 빛과 같이 빛날 것이요 많은 사람을 옳은 데로 돌아오게 한 자는 별과 같이 영원토록 빛나리라 단 12:3

요셉은 자신을 내려놓고 가장 어두운 시기에도 하나님의 신실하심을 선포함으로써 궁극적인 마음의 시험을 통과했다. 그후 요셉의 지혜는 애굽에서 빛을 발했다. 그의 미덕은 더 이상 감춰져 있지 않고 이방 나라 전역에 드러났다. 중요한 사실은 요셉이 감옥에 있는 동안 죄수들을 대한 태도와 성실한 모습이 그를 더 높아지게 만들었다는 것이다. 창세기 40장을 보면 바로의 술 맡은 권원장과 떡 굽는 관원장이 죄수들 가운데 있었다. 둘 다 꿈을 꾸었는데, 그 꿈을 요셉이 해석해주었다 창 40:12-13, 18-19. 그런데 바로가 '일곱 암소와 일곱 이삭' 꿈을 해석해달라고 사람들을 불러모을 때 요셉을 추천한 사람은 다름 아닌 술 맡은 관원장이었다. 결국 요셉은 애굽의 총리가 되었고 하나님을 경외한 사람, 요셉 덕분에 온 나라가 기근을 면할 수 있었다. 신실하신 하나님은 고난의 시간을 통해 요셉을 애굽의 총리로 그리고 무엇보다도 하나님을 경외하고 사랑하는 사람으로 만드셨다.

오늘날 교회는 하나님을 경외하지 않는 모습을 드러낸다. 그래서 세상의 비난의 대상이 되었다. 목회자의 죄악이 매스컴을 통해 보도되고 과거 그리스도인들의 희생을 통해 들었던 칭찬과 격려가 사라진 지 오래다. 요셉에게서 볼 수 있는 신실함과 하나님을 경외하는 모습 역시 찾아보기 힘들다. 우리가 하나님을 따르고자 한다면 속히 우리의 죄악을 회개하고 하나님을 바라봄으로써 하나님과 동행을 회복해야 한다.

더 큰 지혜와 영광을 발하리라

욥도 큰 고난을 당한 사람이었다. 그 또한 매우 혹독한 시험을 받았다. 욥은 자기에게 닥친 모든 일들을 이해하려고 애써 보았지만 점점 더 깊은 절망에 빠지고 말았다. 친구들이 찾아와 조언을 했지만, 아무 도움도 받지 못하고 그에게 혼란만 가중시켰다. 욥은 지혜를 구했으나, 지혜는 그를 교묘히 피해갔다. 욥과 친구들이 하나님의 뜻을 이해하려고 헛되이 노력하는 동안에도 하나님은 침묵하고 계셨다. 그들이 선택할 수 있는 대안이 없어질 때까지 기다리셨다. 하나님은 엘리후라는 지혜로운 설교자를 보내셨고, 그후 욥에게 이렇게 말씀하셨다.

> 그때에 여호와께서 폭풍우 가운데에서 욥에게 말씀하여 이르시되 무지한 말로 생각을 어둡게 하는 자가 누구냐 너는 대장부처럼 허리를 묶고 내가 네게 묻는 것을 대답할지니라 내가 땅의 기초를 놓을 때에 네가 어디 있었느냐 네가 깨달아 알았거든 말할지니라
> 욥 38:1-4

하나님이 말씀하시자, 욥은 하나님의 지혜와 힘에 완전히 압도되었다. 욥은 거룩한 경외심에 사로잡혀 이렇게 외쳤다.

> 주께서는 못하실 일이 없사오며 무슨 계획이든지 못 이루실 것이 없는 줄 아오니 무지한 말로 이치를 가리는 자가 누구니이까 나는 깨닫지도 못한 일을 말하였고 스스로 알 수도 없고 헤아리기도 어려운 일을 말하였나이다 내가 말하겠사오니 주는 들으시고 내가 주께 묻겠사오니 주여 내게 알게 하옵소서 내가 주께 대하여 귀로 듣기만 하였사오나 이제는 눈으로 주를 뵈옵나이다 그러므로 내가 스

> 스로 거두어들이고 티끌과 재 가운데에서 회개하나이다 욥 42:2-6

욥은 하나님을 보았고 변화되었다. 육신의 고통과 상실은 줄어들지 않았으나 거룩한 경외심은 점점 더 커져갔다. 그 경외심에 지혜가 담겨 있었다. 요셉이 고통과 상처 속에서도 다른 사람들을 도왔던 것처럼, 욥도 다른 사람들을 섬기는 사람이 되었다.

> 욥이 그의 친구들을 위하여 기도할 때 여호와께서 욥의 곤경을 돌이키시고 여호와께서 욥에게 이전 모든 소유보다 갑절이나 주신지라… 욥이 늙어 나이가 차서 죽었더라 욥 42:10, 17

욥은 하나님을 경외함으로써 더 큰 지혜와 능력으로 빛이 났다. 오늘날에도 수많은 사람들이 성경 속에 기록된 그의 고통과 지혜로부터 많은 교훈을 얻고 있다.

우리 마음속에서 빛날 하나님의 영광

하나님이 다음과 같이 강력하게 훈계하시는 이유를 알 수 있다.

> 모든 일을 원망과 시비가 없이 하라 빌 2:14

우리가 불평과 원망을 피해갈 수 있는 길은 무엇인가? 바로 하나님을 경외하는 것이다. 하나님을 경외함으로 하나님의 영광을 바라볼 때 우리는 우리가 바라보는 하나님의 형상을 닮아간다.

> 이는 너희가 흠이 없고 순전하여 어그러지고 거스르는 세대 가운데서 하나님의 흠 없는 자녀로 세상에서 그들 가운데 빛들로 나타내며 생명의 말씀을 밝혀 빌 2:15-16

확대역성경은 이렇게 옮긴다.

> (어두운) 세상에서 그들 가운데 빛들(밝게 비추는 별들이나 횃불)로 나타내며 빌 2:15

이는 하나님의 신실한 교회가 마지막 때에 나타낼 하나님의 영광을 묘사한 것이다.

우리는 앞에서 이 변화가 점진적으로 확대되어 세상 사람들이 그리스도께 이끌릴 정도로 우리 안에 하나님의 영광이 강력하게 나타날지 이야기한 바 있다. 이사야의 말을 다시 살펴보자.

> 일어나라 빛을 발하라 이는 네 빛이 이르렀고 여호와의 영광이 네 위에 임하였음이니라 보라 어둠이 땅을 덮을 것이며 캄캄함이 만민

> 을 가리려니와 오직 여호와께서 네 위에 임하실 것이며 그의 영광이 네 위에 나타나리니 나라들은 네 빛으로, 왕들은 비치는 네 광명으로 나아오리라 사 60:1-3

하나님은 이 땅에서 그분의 영광을 나타내실 것이다. 이미 그 일을 어떻게 하실지 말씀해주셨다. "내가 내 영광의 집을 영화롭게 하리라" 사 60:7. 하나님의 영광의 집은 하나님의 백성들, 하나님의 성전, 하나님을 경외하고 사랑하는 사람들을 말한다. 스가랴는 하나님의 영광이 그분의 백성들에게 나타나리라는 것을 예견하고 이렇게 말했다.

> 만군의 여호와가 이와 같이 말하노라 그날에는 말이 다른 이방 백성 열 명이 유다 사람 하나의 옷자락을 잡을 것이라 곧 잡고 말하기를 하나님이 너희와 함께하심을 들었나니 우리가 너희와 함께 가려 하노라 하리라 하시니라 슥 8:23

스가랴는 '이방 백성', '유다' 라는 용어를 사용하였다. 세상 사람들이 모든 그리스도인들의 옷자락을 잡을 것이라고 말하지 않았다. 스가랴는 앞으로 올 날들을 내다보고 자신의 언어로 표현한 것이다. 많은 사람들이 예수님께 나아오는 이러한 날이 속히 다가오고 있다는 사실이 얼마나 흥분되는가!

여호와의 친밀하심이

그를 경외하는 자들에게 있음이여

그의 언약을 그들에게 보이시리로다

_시 25:14

11
하나님과 동행하기

Walking with God

> 하나님을 경외하는 것은 곧 하나님을 믿는 것이다.
> 하나님을 믿는 것은 하나님께 순종하는 것이다.

이제부터 우리가 나눌 것은 하나님을 경외하는 삶의 가장 흥미진진한 부분이다. 이것은 참된 그리스도인들이 진실로 갈망하는 것이며, 우리에게 영원한 만족을 가져다주는 유일한 길이다.

하나님이 세상을 창조하신 동기이자 구속하신 목적이며, 하나님의 마음의 초점이며, 하나님을 경외하는 사람들을 위해 예비해두신 보물이기도 하다. 그 보물을 소개하기에 앞서 솔로몬의 지혜로운 말을 들어보자.

여호와를 경외하는 것이 지식의 근본이거늘 잠 1:7

무엇에 대한 지식을 말하는 것일까? 우리는 잠언 2장 5절에서 답을 찾을 수 있다. "하나님을 경외하기를 깨달으며 하나님을 알게 되리니." 이 말씀을 풀어서 설명하면 하나님을 경외하면 우리는 하나님에 대한 지식을 얻을 것이다. 좀더 쉽게 말하면, 하나님과 친밀해지는 것이다. 시편 기자는 이 사실을 확증했다.

> 여호와의 친밀하심이 그를 경외하는 자들에게 있음이여 시 25:14

여호와를 경외하는 것이 하나님과의 친밀한 관계의 근본이자 출발점이다. 친밀함은 서로 상호적 관계에서 얻을 수 있다. 예를 들어, 나는 미국 대통령을 알고 그의 업적과 정치적 입장에 대해서도 길게 나열할 수 있다. 그러나 아무리 내가 그에 대해 많은 이야기를 한다고 해도 개인적 친분이 없기 때문에 내가 정말 그를 제대로 아는 것은 아니다. 내가 미국 시민으로서 그의 보호 아래에서 살고 있지만, 자동적으로 나와 대통령이 친밀한 관계가 되는 것은 아니다.

운동선수나 가수들에게 푹 빠진 사람들도 마찬가지다. 열혈 팬들은 연예인들과 친한 친구인 것처럼 말하기도 하지만 길거리에서 좋아하는 스타와 마주쳤을 때 그가 과연 인사나 한번 해줄지 의심스럽다. 잘 알다시피 연예인들과 팬들의 관계는 아주 일방적이다.

그런데 교회에서도 이와 같은 일이 나타난다는 것은 참으로 통탄할 일이다. 많은 그리스도인들이 하나님을 향해 허물없이 지내는 친구처럼 이야기한다. 그들은 아무렇지도 않게 하나님이 이것저것을 보여주셨다고 이야기한다. 그래서 어리거나 주님과의 관계가 견고하지 못한 그리스도인들이 영적으로 열등감을 느끼는 경우가 종종 생긴다.

하지만 이들은 곧이어 모순된 말을 할 것이다. 이러한 교인들과 하나님의 관계는 스타와 팬의 관계와 다르지 않다. 그들은 존재하지도 않는 관계에 대해 설명하고 있는 것이다.

하나님께서는 우리가 주님을 경외하기 전까지 서로가 친밀하게 알아갈 수 없다고 말씀하셨다. 다시 말해, 하나님에 대한 경외심이 마음속에 확고히 자리잡기 전까지는 하나님과의 친밀한 관계와 우정이 절대 싹틀 수 없다.

우리가 많은 예배에 참석하고, 매일 성경을 읽으며, 모든 기도 모임에 참석할 수는 있다. 또 훌륭하고 자극적인 설교를 하고, 열심히 사역하면, 심지어 동료들에게까지 칭찬과 존경을 받을 수도 있다.

그럼에도 불구하고 하나님을 경외하지 않는다면 단지 종교적인 사다리를 한 계단씩 올라가고 있을 뿐이다. 이 종교적인 의식들과 스타들에 대한 신드롬에 빠지는 것이 무슨 차이가 있을까? 아무리 연예인들을 따라다니고 그들을 지켜본다고 해도 친밀한 관계를 맺고 있는 것은 아니다. 하나님과의 관계도 마찬가지다.

믿음의 문을 통과한 하나님의 친구

하나님은 아브라함과 모세 두 사람을 친구라고 부르셨다. 하나님이 이 두 사람을 인정하셔서 그들과의 우정을 기록하게 하신 것이다. 하나님은 이들을 우리에게 보여주심으로써 무엇을 찾으시는지 통찰을 주신다.

처음 친구라고 불린 사람은 아브라함이었다. 아브라함은 "주의 벗"으로 불렸다 대하 20:7(개역한글). 아브라함이 75세였을 때, 하나님이 아브라함에게 오셔서 언약을 맺으셨다. 하나님은 이 언약을 맺으시면서 아브라함에게 소원인 아들을 주겠다고 약속하셨다. 아브라함은 몇 가지 실수를 했지만 하나님을 믿고 순종했으며, 하나님이 약속하신 것을 모두 이루신다는 사실을 온전히 확신하였다.

아브라함이 100세였을 때 약속의 아들, 이삭이 태어났다! 그토록 오랜 세월을 기다렸던 아브라함과 사라가 얼마나 기뻐했을지 상상이 가는가? 그들이 이 약속의 아들을 얼마나 사랑했을지 상상이 가는가? 시간이 흐를수록 아버지와 아들의 관계는 더욱 친밀해졌고 아브라함은 아이의 목숨을 자기의 목숨보다 더 귀중히 여겼다.

그 일 후에 하나님이 아브라함을 시험하시려고 그를 부르시되 아브

라함아 하시니 그가 이르되 내가 여기 있나이다 여호와께서 이르시되 네 아들 네 사랑하는 독자 이삭을 데리고 모리아 땅으로 가서 내가 네게 일러 준 한 산 거기서 그를 번제로 드리라창 22:1-2

아브라함은 하나님께서 그렇게 힘든 요구를 하실 줄은 꿈에도 몰랐을 것이다. 아브라함이 이삭을 얻기 위해 그토록 오랜 세월을 기다려왔는데, 하나님은 아브라함에게 생명보다 더 귀한 것을 요구하셨다. 그러나 하나님이 요구하신 것은 그의 생명보다 소중한 아들이 아니라 아브라함의 마음이었다.

아브라함은 하나님이 실수하지 않으시는 분이라는 것을 알고 있었다. 하나님은 말씀하신 것을 이루시는 분이셨다. 아브라함은 하나님과 언약을 맺은 사람으로 선택은 두 가지뿐이었다. 언약을 지키거나 깨는 것, 둘 중 하나였다. 아브라함에게 있어 언약을 깨는 것은 생각할 수 없는 일이었다. 그의 마음은 거룩한 경외심으로 가득차 있었다.

우리는 그것이 하나님의 시험이라는 것을 알고 있지만, 아브라함은 몰랐다. 우리는 반대편에 서서 보기 전까지는 하나님이 시험하고 계시다는 것을 알 수 없다. 마음을 청결히 하고 하나님만을 바라보지 않는다면, 하나님의 시험을 통과하는 것은 어렵다.

언젠가 하나님이 내게 어떤 것을 포기하라고 하신 적이 있었다. 나는 그것을 하나님이 주신 것이라고 생각했다. 그것은 내가 몇 년 동안 간절히 바라던 일이었다. 내가 존경하는 유명한 복음 전도자를 돕는 일이었다. 아내와 나는 이 사역자와 그의 아내를 보좌하는 간부직을 제안받았다. 나는 그분을 존경하기도 했지만 하나님이 내 마음 깊숙한 곳에 심어두신 꿈을 이룰 수 있는 기회라고 여겼다. 나는 세계 여러 나라에 복음을 전하는 꿈이 있었다.

나는 당연히 하나님께서 이 멋진 제안을 수락하라고 하실 줄 알았다. 그런데 하나님께서는 너무도 분명하게 거절하라고 말씀하셨다. 나는 이 제안을 거절한 후 며칠을 울었다. 하나님께 순종했다는 것은 알았지만, 하나님이 나에게 왜 그렇게 힘든 일을 요구하셨는지 이해할 수 없었다. 나는 몇 주일을 방황하다가 마침내 하나님께 부르짖었다. "하나님, 왜 제게 이것을 내려놓게 하신 겁니까?" 하나님은 나의 부르짖음에 속히 응답하셨다. "네가 나를 섬기는지 그 꿈을 섬기는지 알아보려고 했다."

그때서야 내가 시험받았다는 사실을 깨달았다. 내가 내 뜻대로 하지 않을 수 있었던 것은 바로 하나님을 향한 사랑과 경외심 때문이었다.

비밀을 드러내신 여호와 이레 하나님

받아들이기 가장 어려웠을 하나님의 명령에 자신을 내려놓은 아브라함의 반응이 정말 마음에 든다. "아브라함이 아침에 일찍이 일어나"창 22:3. 그는 사라와 의논하지 않았다. 조금도 망설이지 않고 하나님께 순종하기로 결정했다. 아브라함에게는 약속으로 받은 아들 이삭보다 더 귀중한 것이 두 가지 있었는데 바로 하나님을 향한 사랑과 경외심이었다.

하나님은 아브라함에게 사흘간의 여행을 명하셨다. 주님의 명령을 깊이 생각할 시간을 주신 것이다. 만일 아브라함의 마음에 조금이라도 흔들림이 있었다면 그가 여행 중에 생각하는 동안 드러났을 것이다. 아브라함과 이삭은 정해진 예배장소에 도착했고, 아브라함은 제단을 쌓고 아들을 결박해 제단 위에 올려놓은 후 칼을 들었다.

바로 그때, 하나님이 아브라함에게 순종의 행위를 중단시키시고 천사를 통해 말씀하셨다. "그 아이에게 네 손을 대지 말라 그에게 아무 일도 하지 말라 네가 네 아들 네 독자까지도 내게 아끼지 아니하였으니 내가 이제야 네가 하나님께서는 경외하는 줄을 아노라"창 22:12.

아브라함은 하나님이 원하시는 일을 가장 중요하게 여김으로써 그의 경외심을 입증해보였다. 하나님께서는 아브라함이 이 시험을 통과하면 모든 시험을 통과하리라는 것을 아셨다.

아브라함이 눈을 들어 살펴본즉 한 숫양이 뒤에 있는데 뿔이 수풀

> 에 걸려 있는지라 아브라함이 가서 그 숫양을 가져다가 아들을 대신하여 번제로 드렸더라 아브라함이 그 땅 이름을 여호와 이레라 하였으므로 오늘날까지 사람들이 이르기를 여호와의 산에서 준비되리라 하더라장 22:13-14

시험이 끝나자 하나님은 그분의 새로운 면을 아브라함에게 보여주셨다. 바로 여호와 이레의 하나님을 보여주신 것이다. 여호와 이레 하나님은 '여호와께서 보고 계신다'를 의미한다. 아담 이후로 이런 식으로 하나님을 알게 된 사람은 없었다. 하나님은 친구가 된 겸손한 그에게 그분의 마음을 보여주셨다. 다른 사람들에게 '비밀'이었던 하나님의 마음과 속성을 아브라함에게 보여주신 것이다.

그러나 아브라함이 거룩한 경외심의 시험을 통과하기 전까지 하나님은 '여호와 이레'의 하나님이심을 드러내지 않으셨다는 것을 기억해야 한다. 많은 사람들이 하나님 성품의 다양한 특성들을 안다고는 말하지만, 힘든 상황이 닥쳤을 때에는 하나님께 순종하지 못한다. "여호와 이레, 내 쓸 것을 채워주시는 분, 그의 은혜가 내게 족하도다…"라고 찬양할 수는 있다. 그러나 아브라함과 같은 순종을 통해 하나님을 알기 전까지는 진실한 마음이 담겨 있지 않은 노래에 불과하다. 순종의 시험을 통과하기 전에는, 그런 말들이 마음에서 나오는 것이 아니라 머리에서 나오는 것일 뿐이다.

위험을 무릅쓰고 거칠고 메마른 순종의 광야로 들어갈 때, 여호와 이레요, 친구 되신 하나님을 만날 수 있다 사 35:1-2.

> 우리 조상 아브라함이 그 아들 이삭을 제단에 바칠 때에 행함으로 의롭다 하심을 받은 것이 아니냐 네가 보거니와 믿음이 그의 행함과 함께 일하고 행함으로 믿음이 온전하게 되었느니라 이에 성경에 이른 바 아브라함이 하나님을 믿으니 이것을 의로 여기셨다는 말씀이 이루어졌고 그는 하나님의 벗이라 칭함을 받았나니 약 2:21-23

아브라함이 합당한 행위로 하나님께 의롭다 하심을 받았다. 그의 거룩한 경외심과 사랑의 증거는 바로 순종이었다. 하나님을 '경외하는' 것은 하나님을 '믿는' 것이다. 하나님을 '믿는' 것은 하나님께 '순종하는' 것이다. 야고보는 거룩한 경외심으로 순종하여 하나님의 친구가 된 아브라함을 기억하였다. 하나님은 그것을 분명히 보여주셨다.

> 여호와의 친밀하심이 그를 경외하는 자들에게 있음이여 그의 언약을 그들에게 보이시리로다 시 25:14

왜 오늘날의 교회 안에는 깊이 없는 설교들만 난무한 것일까? 왜 오늘날 그리스도인들에게는 선조들 같은 신앙의 깊이가 없을까? 그것은 바로 하나님을 경외하는 마음이 없기 때문이다!

당신은 마음속의 비밀을 누구에게 털어놓는가? 그냥 아는 사람들에게 말하는가, 아니면 절친한 친구들에게 말하는가? 당연히 절친한 친구들과 비밀을 나누려 할 것이다. 하나님도 마찬가지시다. 오로지 하나님을 경외하는 친밀한 자들에게만 그분의 마음을 보여주신다.

하나님과 친구가 되어 비밀을 나누다

하나님이 친구라고 부르신 사람이 또 한 사람 있었다. 바로 모세다. 모세는 하나님의 뜻을 아는 사람이었다. 출애굽기 33장 11절에 보면 "사람이 자기의 친구와 이야기함같이 여호와께서는 모세와 대면하여 말씀하시며"라고 했다. 모세는 하나님을 경외했기 때문에 하나님과 대면할 수 있었고, 하나님과 친밀하게 대화할 수 있었다. 그 결과는 다음과 같다.

> 그의 행위를 모세에게, 그의 행사를 이스라엘 자손에게 알리셨도다
> 시 103:7

이스라엘 백성들은 하나님을 경외하지 않았기 때문에 하나님과 친밀한 대화를 나눌 수 없었다. 그래서 하나님의 행위와 언약의 비밀들이 보이지 않았다. 이스라엘 백성들은 하나님의 언약이

왜 감춰져 있는지 알지 못했다. 하나님의 동기나 의도, 그 마음의 소원들을 이해하지 못했다. 그들은 그저 자연에 나타난 하나님의 성품을 인지하는 정도였다. 그래서 자신들이 원하는 것을 얻지 못하면, 하나님의 뜻을 '거절'이나 '보류'로 오해하곤 했다. 단지 하나님이 자연에서 행하시는 일을 관찰함으로써 하나님을 안다는 것은 불가능하다. 하나님은 영이시며, 세상 지혜로는 그분의 행위를 알 수 없다 요 4:24; 고전 2:6-8. 하나님은 오직 경외하는 자들에게만 자신을 드러내신다.

하지만 모세는 하나님이 왜 그 일을 하시는지 '이유'를 알았다. 성경은 이러한 통찰을 '지각'이라고 묘사한다. 사실 하나님은 어떤 일을 행하시기 전에 미리 알려주신 적이 많다. 성경은 이것을 '지혜'라고 말하는데 시편 기자는 지혜에 대해 다음과 같이 묘사했다.

> 여호와를 경외함이 지혜의 근본이라 그의 계명을 지키는 자는 다 훌륭한 지각을 가진 자이니 시 111:10

하나님을 경외하는 것은 우리에게 이득이 없어 보일 때도 하나님께 순종하는 것이다. 우리가 하나님을 경외할 때, 우리를 친구라고 불러주시며 하나님의 뜻과 소원을 보여주신다. 따라서 우리는 하나님이 행하시는 일뿐 아니라 일하시는 방법까지 알게 된다. 예수님이 마지막 만찬 자리에서 가룟 유다가 떠난 후 제자들에게 하신 말씀을 살펴보자.

> 너희는 내가 명하는 대로 행하면 곧 나의 친구라 이제부터는 너희를 종이라 하지 아니하리니 종은 주인이 하는 것을 알지 못함이라 너희를 친구라 하였노니 내가 내 아버지께 들은 것을 다 너희에게 알게 하였음이라 요 15:14-15

예수님과 친구가 될 것이라는 약속으로 이 성경구절을 주셨다. 그러나 예수님과 친구가 되기 위해서는 우리가 지켜야 할 것이 있다.

> 너희는 내가 명하는 대로 행하면… 요 15:14

시편 기자의 말을 따르면, 하나님과의 친밀한 관계는 "그를 경외하는 자들", 즉 하나님의 말씀에 기쁘게 순종하는 자들을 위해 예비된 것이다.

주님은 '이제부터는 너희를 종이라 하지 아니하리니'라고 말씀하셨다. 제자들은 3년 반 동안 자신들이 신실한 종임을 보여주었다. 그들은 다른 사람들이 떠날 때도 예수님 곁에 남아 있었다 요 6:66. 한때는 예수님이 그들을 종으로 대하실 때가 있었다. 그때는 아브라함과 모세의 경우처럼 그들도 시험을 받는 기간이었다. 이제 새로운 시험이 시작될 것이다. 주님의 말씀은 예언적 의미가 있는데, 이 시험은 다락방에서 제자들이 확고한 순종을 보인 것처럼 우리들의 완전한 순종으로 끝날 것이다. 하나님의 질서가 확립될 것이며 사람들의 마음속에 있는 것이 드러날 것이다.

예수님은 말씀하셨다. "종은 주인이 하는 것을 알지 못함이라 너희를 친구라 하였노니 내가 내 아버지께 들은 것을 다 너희(하나님을 경외하는 친구들)에게 알게 하였음이라." 하나님의 친구들은 통찰의 은사를 갖게 될 것이다. 하나님은 친구들에게 그분의 계획들을 알려주시며 하나님의 계획뿐만 아니라 비밀을 털어놓으시기 때문이다.

> 여호와께서 이르시되 내가 하려는 것을 아브라함에게 숨기겠느냐
> 창 18:17

하나님은 그분과 함께 있던 천사들에게 이 같이 말씀하셨다. 그리고 아브라함을 향해 말씀하셨다.

> 여호와께서 또 이르시되 소돔과 고모라에 대한 부르짖음이 크고 그 죄악이 심히 무거우니 내가 이제 내려가서 그 모든 행한 것이 과연 내게 들린 부르짖음과 같은지 그렇지 않은지 내가 보고 알려 하노

라 창 18:20-21

하나님은 소돔과 고모라에 임박한 심판을 아브라함에게 알려 주셨다. 그러자 아브라함은 의인들을 살려달라고 호소했다.

> 아브라함이 가까이 나아가 이르되 주께서 의인을 악인과 함께 멸하려 하시나이까 그 성 중에 의인 오십 명이 있을지라도 주께서 그곳을 멸하시고 그 오십 의인을 위하여 용서하지 아니하시리이까 주께서 이같이 하사 의인을 악인과 함께 죽이심은 부당하오며 의인과 악인을 같이 하심도 부당하니이다 세상을 심판하시는 이가 정의를 행하실 것이 아니니이까 여호와께서 이르시되 내가 만일 소돔 성읍 가운데에서 의인 오십 명을 찾으면 그들을 위하여 온 지역을 용서하리라 창 18:23-26

아브라함은 하나님의 심판에서 다른 사람들의 목숨을 건지기 위해 간구했다. 왕이나 재판관에게 그렇게 말할 수 있는 사람은 오직 친구뿐이다. 종이나 신하가 그런 간청을 했다면 무례한 일이었을 것이다. 하나님과 친밀한 아브라함은 실제로 하나님과 협상을 했다. 아브라함은 의인 50명에서 10명까지 심판의 기준을 낮췄고, 하나님은 그분의 방식대로 소돔과 고모라에서 의인 10명을 찾으셨다. 하지만 둘 중 한 도시에서도 의인 10명을 찾을 수 없었다. 그 도시의 사악함이 명백해졌다. 하나님은 오직 아브라함의 조카 롯과 그의 가족을 찾아내셨을 뿐이었다.

세상과 구별되어 살아가다

하나님은 롯을 의인으로 간주하셨으나 그 또한 다른 사람들처럼 임박한 심판을 알지 못했다. 롯은 육적이고 세속적인 그리스도인을 나타낸다. 즉 하나님에 대한 뜨겁고 거룩한 경외심이 없는 사람들을 대표한다.

이것은 롯이 선택한 거주지(소돔과 고모라), 그가 택한 아내, 나중에 근친상간을 통해 낳을 자식들이 모압과 암몬 족속인 것을 보면 그가 어떤 상태인지 알 수 있다. 롯은 자신의 눈에 좋아 보이는 것만을 선택했다.

하지만 아브라함은 구별된 삶을 택했다. 그는 하나님이 만드시고 세우신 도시를 찾았다. 롯은 구별된 삶보다 불경한 자들과의 관계를 택했고 그의 행동에 불경한 행동들이 스며들었다. 결국 롯과 그의 후손들의 삶에 불경함의 열매가 나타났다. 롯은 하나님이 정하신 기준이 아니라 사회가 정한 기준을 따랐고 그 결과 '무법한 자들의 음란한 행실로 말미암아 고통당했다' ("이는 이 의인이 그들 중에 거하여 날마다 저 불법한 행실을 보고 들음으로 그 의로운 심령이 상함이라")벧후 2:7-8.

하나님의 자비와 아브라함의 우정이 아니었으면 심판이 한밤중의 도둑처럼 롯에게 임했을 것이다. 하나님은 롯의 경우와 같이 임박한 심판을 알아차리지 못하는 교회의 육적인 사람들에게 하나님의 경고와 함께 예언자 같은 사자들을 보내실 것이다.

심판이 임박한 긴급한 상황에서 롯의 아내는 뒤를 돌아보았다. 하나님이 악으로 가득한 그 도시들을 멸망시키실 때 절대 뒤돌아보지 말라는 경고를 하셨는데도 이를 어겼다. 롯의 아내는 세상의 영향을 많이 받아서 하나님을 경외하는 마음보다 세상에 이끌리는 마음이 더 컸다. 그래서 예수님이 신약의 믿는 자들에게 "롯의 처를 기억하라" 눅 17:32고 경고하신 것이다.

야고보는 믿는 이들에게 단도직입적으로 말한다.

> 간음한 여인들아 세상과 벗된 것이 하나님과 원수 됨을 알지 못하느냐 그런즉 누구든지 세상과 벗이 되고자 하는 자는 스스로 하나님과 원수 되는 것이니라 약 4:4

세상의 것을 사랑하면 하나님의 친구가 될 수 없다. 야고보는 세상과 관계를 맺으려 하는 그리스도인의 상태를 간음한 여인, 하나님의 원수로 묘사했다. 솔로몬은 이렇게 말했다.

> 마음의 정결을 사모하는 자의 입술에는 덕이 있으므로 임금이 그의 친구가 되느니라 잠 22:11

마음이 정결한 사람만이 하나님과 친구가 될 수 있다. 우리는 스스로 이렇게 물어야 한다. '무엇이 내 마음을 정결하게 하는가? 무엇이 하나님에 대한 사랑인가?' 하나님에 대한 사랑이 정결케 하려는 마음을 일깨워주기는 하지만, 그것만으로는 마음을 정결하게 하지 못한다. 우리는 하나님을 진심으로 사랑한다고 말하면서 여전히 세상을 사랑할 수 있다. 이것이 수많은 사람들이 걸려 넘어지는 덫이다. 어떤 힘이 주님 앞에서 우리를 순결하게 해주는가? 바울은 분명하고 간결하게 답했다.

> 그런즉 사랑하는 자들아 이 약속을 가진 우리는 하나님을 두려워하는 가운데서 거룩함을 온전히 이루어 육과 영의 온갖 더러운 것에서 자신을 깨끗하게 하자 고후 7:1

참된 거룩함, 마음의 청결함은 하나님을 경외하는 가운데 온전히 이루어진다. "여호와를 경외함으로 말미암아 악에서 떠나게 되느니라" 잠 16:6.

고린도후서 7장 1절 첫부분을 다시 보자. '그런즉 사랑하는 자들아 이 약속을 가진 우리는…' 무슨 약속을 말하는가? 고린도후서 6장에서 그 답을 찾을 수 있다.

> 하나님의 성전과 우상이 어찌 일치가 되리요 우리는 살아 계신 하

나님의 성전이라 이와 같이 하나님께서 이르시되 내가 그들 가운데 거하며 두루 행하여 나는 그들의 하나님이 되고 그들은 나의 백성이 되리라 그러므로 너희는 그들 중에서 나와서 따로 있고 부정한 것을 만지지 말라 내가 너희를 영접하여 너희에게 아버지가 되고 너희는 내게 자녀가 되리라 전능하신 주의 말씀이니라 하셨느니라

고후 6:16-18

이 말씀에는 하나님이 영광 가운데 이스라엘 자손들과 함께 거하고 싶어하시는 마음이 나타나 있다. "그들은 내가 그들의 하나님 여호와로서 그들 중에 거하려고 그들을 애굽 땅에서 인도하여 낸 줄을 알리라 나는 그들의 하나님 여호와니라"출 29:46. "나는 너희 중에 행하여 너희의 하나님이 되고 너희는 내 백성이 될 것이니라"레 26:12. 하나님은 항상 거룩하시다. 그렇기 때문에 하나님은 더럽혀지거나 거룩하지 못한 성전에는 거하시지 않을 것이다.

오늘날 우리는 이 진리의 의미를 온전히 이해해야 한다. 하나님은 그분과 언약을 맺어 주님의 영광 안에 거하기 위한 말씀들을 보여주셨다. 우리는 세상 속에서 구별되어야 한다. 이것은 하나님을 경외하는 마음과 하나님의 은혜가 있어야 가능하다. 그래서 바울은 고린도후서 6장 첫부분을 "하나님의 은혜를 헛되이 받지 말라"고후 6:1는 호소로 시작했다. 바울은 다른 서신에서 거룩함을 추구하라고 강권하면서 그의 요지를 더욱 분명히 밝혔다.

거룩함을 따르라 이것이 없이는 아무도 주를 보지 못하리라 너희는
하나님의 은혜에 이르지 못하는 자가 없도록 하고히 12:14-15

'하나님의 은혜를 헛되이 받지 말라'는 바울의 말을 다시 한 번 되새기도록 하자! 그는 반복해서 우리의 삶 속에서 은혜가 활발히 역사하여 열매 맺게 하는 것이 무엇인지 설명한다. "은혜를 받자 이로 말미암아 경건함과 두려움으로 하나님을 기쁘시게 섬길지니"28절. 하나님을 경외함이 우리로 하나님의 은혜를 헛되지 않게 해준다. 하나님의 은혜와 하나님을 경외하는 마음이 있어야 마음이 청결하고 거룩할 수 있다. 하나님은 세상의 더러운 것에서 자신을 깨끗하게 하면 영광 가운데서 우리 안에 거하시겠다고 약속하셨다.

거룩한 경외심을 회복하기

지금까지 하나님을 경외하는 것에 대해 광범위하게 논했다. 그러나 우리가 아무리 철저히 살핀다 해도 충분치 않다. 하나님을 경외하는 것은 계속되는 계시다. 하나님의 사랑도 마찬가지다. 잠언 23장 17절은 "항상 여호와를 경외하라"고 말한다. 하나님을 경외하는 일에는 멈추는 것이 있을 수 없다.

하나님을 경외하는 마음은 한정된 용어로 설명하기가 불가능해서 정의를 내리기가 힘들다. 그것은 하나님이 주시는 사랑의 힘처럼 아주 광범위하다. 내가 제시하는 정의는 부분적이고 단지 시작에 불과할 뿐이다. 언어가 가진 한계 때문에 마음의 변화를 언어로 설명하는 것은 불가능하기 때문이다. 우리가 하나님을 깊이 알아가는 일은 영원히 계속될 것이다. 그와 비례해, 사랑의 계시와 그분을 향한 거룩한 경외심도 계속 커져갈 것이다.

> 사람을 두려워하면 올무에 걸리게 되거니와 여호와를 의지하는 자는 안전하리라 잠 29:25

우리는 하나님을 경외하는 것과 관련해 '불경한 두려움'에 대해 이야기해보았다. 때로는 어떤 것을 이해하기에 앞서, 그것과 상반되는 것을 알아보는 것이 도움이 된다. 이런 맥락에서 사람에 대한 두려움을 정의해보려고 한다.

우리는 쉽게 마음이 변하고 흔들리는 사람들 때문에 근심하고 불안해하고 무서워하고 걱정하고 의심하고 움츠러든다. 이러한 두려움에 빠진 사람들은 불편함이나 비난을 피해 도망치는 삶을 살아가면서 대결이나 거절해야 하는 상황을 피하려 한다. 그들은 자신을 방어하기에 급급하다가 하나님의 일을 해야 할 때에는 쓸모없는 사람들이 되고 만다. 사람이 하는 일을 두려워하다가 정작 하나님께 합당히 드려야 할 것은 드리지 못한다.

하나님을 경외하는 것은 하나님을 존경하고 따르는 것이지만 그분의 임재 앞에 두려워 떠는 마음을 가지는 것도 포함된다. 거룩한 경외심은 하나님이 마땅히 받으셔야 할 영광과 존귀와 위엄, 감사와 찬양을 드리며 그분을 높이는 것이다.

우리가 마음의 소원보다 하나님의 소원을 더 귀중히 여기고, 하나님이 미워하시는 것을 미워하고 하나님이 사랑하시는 것을 사랑하며, 하나님의 임재를 소원하고 그분의 말씀을 구할 때, 하나님이 우리 마음과 삶 속에 온전히 들어오신다.

자신이 두려워하는 자를 섬긴다.

하나님을 두려워하면 하나님을 섬길 것이고, 사람을 두려워하면 사람을 섬길 것이다. 당신은 이제 하나님 앞에서 선택을 해야 한다.

솔로몬이 성공과 고난을 다 겪은 후에 이렇게 고백했다.

일의 결국을 다 들었으니 하나님을 경외하고 그의 명령들을 지킬지어다 이것이 모든 사람의 본분이니라 전 12:13

솔로몬은 하나님께 지혜를 구했고 하나님께 받은 지혜로 큰 성공을 이루었다. 그러나 솔로몬도 말년에 하나님을 경외하는 마음이 쇠약해졌다. 그는 하나님의 계명에 더 이상 순종하지 않았고 이방인 아내들을 맞이하여 그들의 신을 섬겼다.

그는 생을 마감하면서, 과거를 돌아보며 많은 묵상 끝에 전도서를 썼다. 솔로몬은 이 책에서 하나님을 경외하지 않는 삶이 어떠한지 보여줬다. 세상에서 온갖 영화를 누린 그가 하나님을 떠난 후 내린 결론은 '헛되도다!' 였다.

솔로몬은 전도서 마지막에 '하나님을 경외하고 그분의 계명을 지키는 것이 사람의 본분' 이라고 고백하며 전도서를 마무리했다 전 12:13.

하나님을 경외함으로 받는 축복

여러분들은 성경을 읽으며 하나님을 경외하는 마음과 관련된 성경구절을 찾아 표시해보고, 나중에 참고할 수 있도록 잘 기록해두도록 하자.

나는 그런 구절을 찾으면서 50페이지 넘는 문서를 만들었다. 하나님을 경외하는 사람들에게는 분명한 약속이 주어진다는 것을 알게 될 것이다.

그중 몇 가지를 기록하려 한다.

하나님을 경외하면…

- 기도 응답을 받을 만한 마음 상태가 된다.
  "그는 육체에 계실 때에 자기를 죽음에서 능히 구원하실 이에게 심한 통곡과 눈물로 간구와 소원을 올렸고 그의 경외하심을 인하여 들으심을 얻었느니라"히 5:7(개역한글).

- 하나님의 큰 은혜가 충만하게 임한다.
  "주를 두려워하는 자를 위하여 쌓아 두신 은혜 곧 주께 피하는 자를 위하여 인생 앞에 베푸신 은혜가 어찌 그리 큰지요"시 31:19.

- 천사의 보호를 받는다.
  "여호와의 천사가 주를 경외하는 자를 둘러 진 치고 그들을 건지시는도다"시 34:7.

- 하나님의 지속적인 관심을 받는다.
  "여호와는 그를 경외하는 자 곧 그의 인자하심을 바라는 자를 살피사"시 33:18.

- 하나님께 필요를 공급받는다.
  "너희 성도들아 여호와를 경외하라 그를 경외하는 자에게는 부족함이 없도다"시 34:9.

- 하나님의 인자하심이 크게 나타난다.

"이는 하늘이 땅에서 높음같이 그를 경외하는 자에게 그의 인자하심이 크심이로다"시 103:11.

- 양식을 얻는다.

"여호와께서 자기를 경외하는 자들에게 양식을 주시며 그의 언약을 영원히 기억하시리로다"시 111:5.

- 하나님의 보호를 받는다.

"여호와를 경외하는 자들아 너희는 여호와를 의지하여라 그는 너희의 도움이시요 너희의 방패시로다"시 115:11.

- 소원이 이루어지고 해를 당하지 않게 된다.

"그는 자기를 경외하는 자들의 소원을 이루시며 또 그들의 부르짖음을 들으사 구원하시리로다"시 145:19.

- 지혜와 명철을 얻고 시간관리를 잘하게 된다.

"여호와를 경외하는 것이 지혜의 근본이요 거룩하신 자를 아는 것이 명철이니라 나 지혜로 말미암아 네 날이 많아질 것이요 네 생명의 해가 네게 더하리라"잠 9:10-11.

- 죽음 앞에서 담대해지며 보호를 받는다.
"여호와를 경외하는 자에게는 견고한 의뢰가 있나니 그 자녀들에게 피난처가 있으리라 여호와를 경외하는 것은 생명의 샘이니 사망의 그물에서 벗어나게 하느니라"잠 14:26-27.

- 마음이 평안하다.
"가산이 적어도 여호와를 경외하는 것이 크게 부하고 번뇌하는 것보다 나으니라"잠 15:16.

- 온전한 만족을 얻는다.
"여호와를 경외하는 것은 사람으로 생명에 이르게 하는 것이라 경외하는 자는 족하게 지내고 재앙을 당하지 아니하느니라" 잠 19:23.

- 재물과 영광과 생명을 얻는다.
"겸손과 여호와를 경외함의 보상은 재물과 영광과 생명이니라" 잠 22:4.

- 하나님의 그 길에서 떠나지 않게 된다.

"내가 그들에게 복을 주기 위하여 그들을 떠나지 아니하리라 하는 영원한 언약을 그들에게 세우고 나를 경외함을 그들의 마음에 두어 나를 떠나지 않게 하고"렘 32:40.

● 갈 방향을 분명히 알게 된다.
"여호와를 경외하는 자 누구냐 그가 택할 길을 그에게 가르치시리로다"시 25:12.

● 수고한 대로 배불리 먹고 형통한 삶을 살게 된다.
"여호와를 경외하며 그의 길을 걷는 자마다 복이 있도다 네가 네 손이 수고한 대로 먹을 것이라 네가 복되고 형통하리로다 네 집 안방에 있는 네 아내는 결실한 포도나무 같으며 네 식탁에 둘러 앉은 자식들은 어린 감람나무 같으리로다 여호와를 경외하는 자는 이같이 복을 얻으리로다"시 128:1-4.

● 훌륭한 지도자가 된다.
"너는 또 온 백성 가운데서 능력 있는 사람들 곧 하나님을 두려워하며 진실하며 불의한 이익을 미워하는 자를 살펴서 백성 위에 세워 천부장과 백부장과 오십부장과 십부장을 삼아"출 18:21.

이것은 모두 하나님을 경외하는 자들에게 하나님께서 내려주

신 약속들이다. 그러나 성경에는 이보다 훨씬 더 많은 약속들이 있다. 성경을 읽고 공부하면서 그 약속들을 찾아보기를 바란다. 이 책을 읽는 모든 독자가 하나님을 경외함으로써 영원히 하나님과 함께 동행하는 삶을 살 수 있게 되기를 간절히 기도한다.

Epilogue

우리가 구원받은 지 얼마나 오래되었든, 하나님을 향한 경외심이 마음속 깊은 곳에서 타올라야 한다. 사실 그것이 구원의 핵심요소다. 바울은 "너희 중 하나님을 경외하는 사람들아 이 구원의 말씀을 우리에게 보내셨거늘"행 13:26이라고 말한다. 거룩한 경외심이 없으면 구원이 필요하다는 사실도 인식하지 못할 것이다.

당신의 영적 상태가 어떠하든지 상관없이, 나와 함께 기도하길 권한다. 예수님의 주권에 자신을 내어드린 적이 없다면, 지금이 당신의 삶을 주님께 맡길 때다. 당신은 이미 말씀을 들었고, 마음속에서 하나님을 향한 믿음이 솟아났다. 성령님이 우리의 죄를 깊이 깨닫게 해주셔서 세상과 죄에서 돌이켜 온전히 하나님께 헌신할 준비가 되었다면, 지금이 바로 주님께 나아갈 때다. 당신의 삶을 하나님의 주권에 온전히 내어드리기로 결단할 때다. 지금 기도를 통해 그것을 확고히 하기를 바란다.

하늘에 계신 아버지, 예수님의 이름으로 저 자신을 낮추고 주께 나아가 주님의 자비와 은혜를 구합니다. 저는 주님의 말씀을 들었고, 지금 주님을 사랑하고, 경외하고, 알아 가고 싶은 열망이 마음속에서 불타오릅니다. 주님께 나아오기 전에 불경하게 살았던 삶을 용서해 주십시오. 지난날의 모든 불경함과 위선을 회개합니다.

나의 구세주이며 주님이신 예수님께 나아갑니다. 주님은 저의 주인이시니 제 삶을 온전히 주님께 드립니다. 주님의 사랑과 거룩한 경외심으로 충만케 해주소서. 다른 누구보다, 그 무엇보다 더 깊고 친밀하게 주님을 알고 싶습니다. 저는 성령님이 필요합니다. 온전히 성령께 의존하오니 지금 저를 충만케 해주소서.

주님, 제가 주님의 말씀을 전심으로 따르면 성령님이 주의 참된 형상과 성품을 보여주시고 제가 영광에서 영광으로 변화되리라고 약속하셨습니다. 모세처럼 주님의 얼굴 보기를 원합니다. 이 은밀한 곳에서 저는 변화될 것입니다.

주님, 주님께서 베풀어주신 풍성한 자비와 은혜를 감사드립니다. 주님께서 이미 행하신 모든 일들과 앞으로 행하실 모든 일들로 인해 영원히 주님께 영광과 존귀와 찬양을 드립니다. 예수님 이름으로 기도합니다. 아멘.

능히 너희를 보호하사 거침이 없게 하시고 너희로 그 영광 앞에 흠이 없이 기쁨으로 서게 하실 이 곧 우리 구주 홀로 하나이신 하나님께 우리 주 예수 그리스도로 말미암아 영광과 위엄과 권력과 권세가 영원 전부터 이제와 영원토록 있을지어다 아멘 유 1:24-25

주님은 나의 목자시니, 내게 아쉬움 없어라.
나를 푸른 풀밭에 누이시며 쉴 만한 물 가로 인도하신다.
…
진실로, 주님의 선하심과 인자하심이
내가 사는 날 동안 나를 따르리니,
나는 주의 집에서 영원토록 살겠습니다.
_시 23:1-2, 6(표준새번역)

존 비비어의 동행

초판 1쇄 펴낸 날 2009년 5월 11일
초판 11쇄 펴낸 날 2011년 7월 22일

지은이 존 비비어
옮긴이 유정희 · 우수명
펴낸이 우수명
펴낸곳 도서출판 NCD

등록번호 제 129-81-80357호
등록일자 2005년 1월 12일
등록처 경기도 고양시 일산구 장항동 578-16 나동

도서출판 NCD
주소 ┃ 서울시 강남구 대치동 943-13 윤천빌딩 3층
주문 ┃ 영업부 ┃ (일산) 031-905-0434, 0436 팩스 031-905-7092
본사 ┃ 편집부 ┃ (강남) 02-538-0409, 3945 팩스 02-566-7754
한국 NCD ┃ 지원 · 코칭 ┃ 02-565-7767 팩스 02-566-7754
NCD몰 ┃ www.ncdmall.com

ISBN 978-89-5788-128-6

- 책값은 뒤표지에 있습니다.
- 잘못된 책은 구입하신 서점에서 교환해 드립니다.
- 책 내용에 대한 문의나 출간을 의뢰하실 원고는 editor@asiacoach.co.kr로 메일을 보내주십시오.

종이 시그마페이퍼 출력 대산아트컴 인쇄 보광문화사 제책 정성문화사

교회를 건강하게 성장하도록 돕는 도서출판 NCD

도서출판 NCD는 '자연적으로 성장하는, 더 좋고 많은 교회 번식 운동'을 펼치고 있는 한국 NCD 및 이와 관련된 기관들의 사역을 문서로 지원하는 출판사입니다.

한국 NCD는 현재 전 세계 66개국 10,000여 개 교회에서 4,200만 자료로 검증된 설문조사를 토대로 하여 한국 교회의 건강을 진단할 뿐만 아니라 더 많은 교회들이 건강하게 세워질 수 있도록 지속적으로 자료 및 도구 제공, 훈련, 세미나, 컨설팅, 코치 사역, 세계 선교, 지역 및 정보 네트워크를 통해 사역하고 있는 국제적인 전문 사역 기관입니다.